Excel 365 / 2021

Paso a paso

Excel 365 / 2021

Paso a paso

Grupo Montepinar

La ley prohíbe
fotocopiar este libro

Excel 365 / 2021. Paso a paso
Código THEMA: KJQF – Hojas de cálculo y software de cálculo
Código BISAC: COM051240 – Computers / Software / Spreadsheets
© Grupo Montepinar
© De la edición: Ra-Ma 2026

Editado por:
RA-MA Editorial
Calle Jarama, 33, Polígono Industrial Igarsa
28860 PARACUELLOS DE JARAMA, Madrid
Teléfono: 91 658 42 80
Fax: 91 662 81 39
Correo electrónico: *info@grupoeditorialrama.com*
Internet: *www.ra-ma.es* y *www.ra-ma.com*
ISBN impreso: 979-13-88059-72-8
ISBN ePub: 979-13-88059-73-5
El e-book de esta obra es accesible y cumple con la norma WCAG 2.2 nivel AAA.
Depósito legal: M-7114-2026
Maquetación: Antonio García Tomé
Diseño de portada: Antonio García Tomé
Filmación e impresión: Safekat
Impreso en España en marzo de 2026

ÍNDICE

1

CONCEPTOS GENERALES Y CARACTERÍSTICAS FUNDAMENTALES DE LA APLICACIÓN DE HOJA DE CÁLCULO (MICROSOFT EXCEL)

La hoja de cálculo es una de las herramientas informáticas más utilizadas en el ámbito profesional debido a su enorme versatilidad y a su capacidad para **organizar, procesar y analizar información** de manera eficiente. Su uso se extiende a múltiples sectores, como la administración, la contabilidad, la gestión empresarial, el comercio, la logística, los recursos humanos o el análisis de datos, entre muchos otros.

Una hoja de cálculo permite trabajar con grandes volúmenes de información estructurada en forma de **tablas**, facilitando tanto el cálculo automático como la representación gráfica de los resultados. Gracias a estas características, se ha convertido en una herramienta imprescindible para la toma de decisiones basada en datos.

Dentro de este contexto, Microsoft Excel se posiciona como una de las aplicaciones de hoja de cálculo más completas y extendidas a nivel mundial. Forma parte de la suite Microsoft 365 y se caracteriza por combinar las funcionalidades clásicas de Excel con servicios modernos basados en la nube, como el guardado automático, el acceso desde distintos dispositivos y el trabajo colaborativo en tiempo real.

1.1 LA HOJA DE CÁLCULO COMO HERRAMIENTA DE TRABAJO

Desde un punto de vista conceptual, una **hoja de cálculo** es un documento electrónico formado por una cuadrícula de **filas y columnas**, cuya intersección da lugar a las **celdas**. Cada celda puede contener distintos tipos de datos, como números, texto, fechas, fórmulas o funciones, lo que permite realizar cálculos automáticos y análisis complejos de forma sencilla.

A diferencia de otros tipos de aplicaciones, como los procesadores de texto, la hoja de cálculo está especialmente diseñada para trabajar con datos estructurados, lo que la convierte en una herramienta idónea para tareas como:

- Elaboración de presupuestos.
- Control de ingresos y gastos.
- Gestión de inventarios.
- Seguimiento de ventas.
- Análisis estadístico básico.
- Simulación de escenarios.
- Creación de informes numéricos y gráficos.

Excel permite realizar todas estas tareas de manera integrada, sin necesidad de utilizar aplicaciones externas, lo que aumenta la productividad y reduce el riesgo de errores.

1.2   MICROSOFT EXCEL: CONCEPTO Y EVOLUCIÓN

Microsoft Excel es la versión más actual del conocido programa Excel, adaptada al modelo de suscripción de Microsoft 365. Esta versión no solo incluye las funcionalidades tradicionales de Excel, sino que se actualiza de forma continua, incorporando mejoras, nuevas herramientas y refuerzos en materia de seguridad y rendimiento.

Una de las principales diferencias de Excel respecto a versiones anteriores es su **integración con la nube**, que permite:

- Guardar automáticamente los archivos en OneDrive.
- Acceder a los libros desde cualquier dispositivo.
- Compartir documentos con otros usuarios.
- Trabajar de forma simultánea sobre un mismo archivo.

Estas características hacen que Excel no sea solo una herramienta individual, sino también una **plataforma de trabajo colaborativo**, especialmente útil en entornos empresariales y formativos.

1.3   INSTALACIÓN E INICIO DE MICROSOFT EXCEL

Microsoft Excel puede utilizarse de dos formas principales, ambas con un funcionamiento muy similar:

1.3.1   Excel como aplicación de escritorio

En este caso, Excel se instala en el equipo del usuario como un programa tradicional. Esta modalidad permite trabajar sin conexión a Internet, aunque algunas funciones relacionadas con la nube requieren conexión.

La instalación suele realizarse automáticamente al contratar Microsoft 365 y descargar la suite desde el portal oficial de Microsoft.

1.3.2   Excel en versión online

Excel también puede utilizarse directamente desde un navegador web, accediendo al portal de Microsoft 365. Esta opción no requiere instalación y permite trabajar desde cualquier equipo con conexión a Internet.

Ambas versiones comparten la mayor parte de sus funcionalidades, lo que facilita el aprendizaje y la adaptación del usuario.

1.4   CONFIGURACIÓN INICIAL DE LA APLICACIÓN

Antes de comenzar a trabajar de forma habitual con Excel, es recomendable revisar y ajustar su **configuración**, ya que esta influye directamente en la comodidad y eficiencia del trabajo.

Entre las opciones de configuración más relevantes se encuentran:

▶ **Idioma de la interfaz**, que determina el idioma de los menús y herramientas.

▶ **Idioma de edición**, importante para funciones como el corrector ortográfico.

▶ **Opciones de guardado**, incluyendo la activación del guardado automático.

▶ **Ubicación predeterminada de los archivos**, ya sea local o en la nube.

▶ **Opciones de cálculo**, que determinan si los cálculos se realizan de forma automática o manual.

▶ **Personalización de la cinta de opciones**, que permite mostrar u ocultar herramientas según las necesidades del usuario.

Una correcta configuración inicial reduce errores, agiliza el trabajo y mejora la experiencia del usuario, especialmente en contextos profesionales.

1.5   ENTRADA Y SALIDA DEL PROGRAMA

La **entrada** a Excel se produce al abrir la aplicación. En ese momento, el usuario puede optar por:

▶ Crear un libro nuevo en blanco.

▶ Utilizar una plantilla prediseñada.

▶ Abrir un libro existente.

La **salida** del programa se realiza cerrando la aplicación o el libro activo. Excel incorpora mecanismos de seguridad que alertan al usuario si existen cambios no guardados, evitando así la pérdida accidental de información.

El uso del **guardado automático**, especialmente cuando se trabaja con archivos en la nube, refuerza aún más esta protección.

1.6   ESTRUCTURA BÁSICA DE EXCEL: LIBROS Y HOJAS

En Excel, el archivo principal se denomina **libro**. Un libro puede contener una o varias **hojas de cálculo**, lo que permite organizar la información por bloques o categorías.

Cada hoja de cálculo está formada por:

▶ **Filas**, identificadas mediante números.

▶ **Columnas**, identificadas mediante letras.

▶ **Celdas**, identificadas por la combinación de columna y fila (por ejemplo, A1, B3, C10).

Esta estructura facilita la organización lógica de la información y permite trabajar con datos de forma ordenada y coherente.

1.7   DESCRIPCIÓN DETALLADA DE LA PANTALLA DE EXCEL

La interfaz de Excel está diseñada para facilitar el acceso a las herramientas y optimizar el trabajo con datos. Sus principales elementos son los siguientes:

Barra de título

Situada en la parte superior de la ventana, muestra el nombre del libro activo y el estado del guardado. También incluye los botones de control de la ventana.

Cinta de opciones

La cinta de opciones organiza las herramientas en **pestañas**, cada una dedicada a un tipo de tarea (Inicio, Insertar, Diseño de página, Fórmulas, Datos, Revisar, Vista, entre otras).

Esta organización permite localizar fácilmente las funciones y favorece el aprendizaje progresivo.

Barra de acceso rápido

Permite acceder rápidamente a comandos frecuentes, como guardar, deshacer o rehacer acciones.

Cuadro de nombres

Muestra la referencia de la celda activa y permite desplazarse directamente a una celda concreta escribiendo su referencia.

Barra de fórmulas

Muestra el contenido de la celda activa y permite editar datos, fórmulas y funciones de forma precisa.

Área de trabajo

Es la zona central donde se introducen y visualizan los datos. Está formada por la cuadrícula de celdas.

Pestañas de hojas

Situadas en la parte inferior, permiten cambiar entre las distintas hojas del libro.

Barra de estado

Muestra información adicional como cálculos rápidos (suma, promedio), modo de vista y control de zoom.

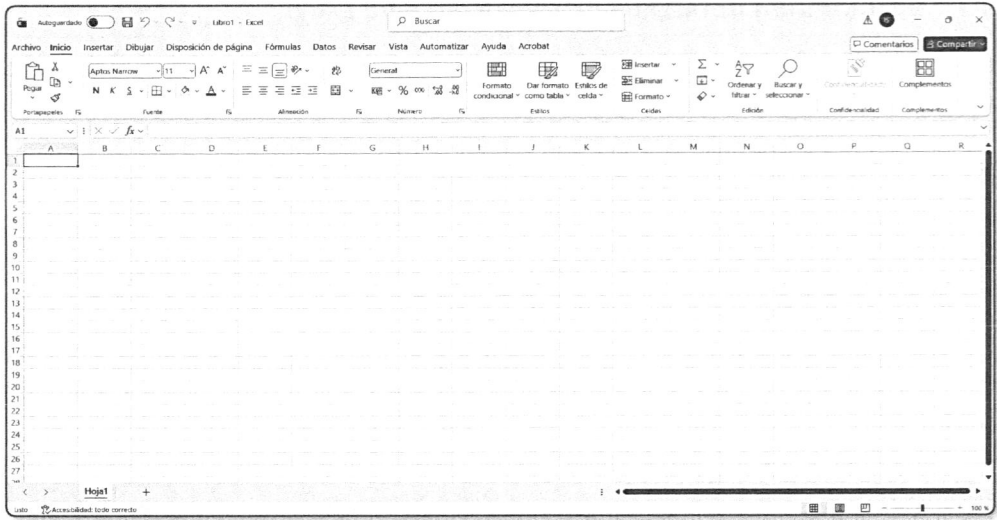

1.8   SISTEMA DE AYUDA DE EXCEL

Excel incorpora un sistema de ayuda integrado que permite al usuario resolver dudas y aprender a utilizar nuevas herramientas de forma autónoma.

Este sistema de ayuda ofrece:

▶ Búsqueda por palabras clave.

▶ Explicaciones detalladas de las funciones.

▶ Enlaces a tutoriales y recursos en línea.

El uso habitual de la ayuda fomenta el aprendizaje continuo y la autonomía del usuario.

1.9   OPCIONES DE VISUALIZACIÓN DE LA HOJA DE CÁLCULO

Excel ofrece diversas opciones de visualización que permiten adaptar la forma en que se muestran los datos en pantalla, mejorando la legibilidad y el control del trabajo.

Zoom

Permite aumentar o reducir el tamaño de visualización de la hoja sin modificar su contenido.

Vistas de la hoja de cálculo

Excel ofrece distintas vistas:

- Vista normal.
- Vista de diseño de página.
- Vista previa de salto de página.

Cada una está pensada para una fase distinta del trabajo.

Inmovilización de paneles

Esta opción permite mantener visibles determinadas filas o columnas mientras se desplaza por la hoja, lo que resulta especialmente útil en hojas extensas.

División de la ventana

Permite trabajar simultáneamente con distintas zonas de una misma hoja, facilitando la comparación de datos.

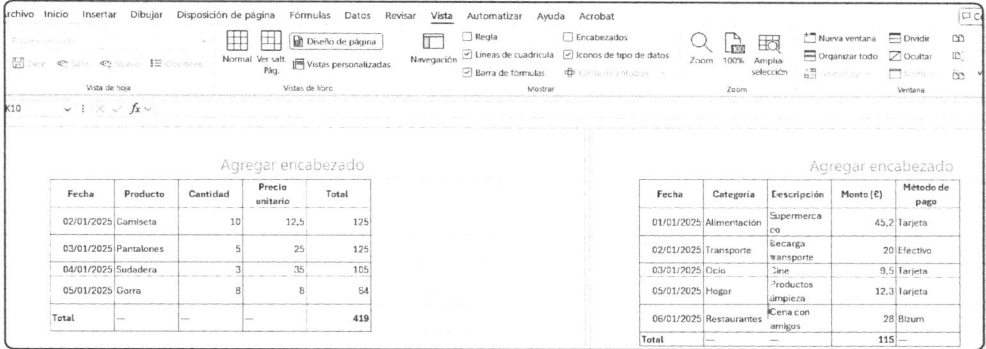

1.10   IMPORTANCIA DE EXCEL EN EL ENTORNO PROFESIONAL

El dominio de Excel constituye una **competencia transversal clave** en numerosos perfiles profesionales. Su uso eficiente permite ahorrar tiempo, reducir errores y mejorar la calidad del trabajo realizado.

Excel no se limita al conocimiento técnico de la herramienta, sino que persigue que el lector sea capaz de:

- Comprender la lógica de trabajo con datos.
- Aplicar Excel a situaciones reales del entorno laboral.
- Utilizar la aplicación de forma autónoma y segura.

Este primer bloque sienta las bases necesarias para abordar, en los siguientes apartados, el trabajo práctico con datos, fórmulas, funciones, gráficos y análisis de información.

ACTIVIDADES

Actividad 1. Reconocimiento de la interfaz de Excel

El lector abrirá Excel y localizará los principales componentes de la aplicación.

- ◤ Identificar la cinta de opciones, barra de fórmulas, cuadro de nombres, hojas y barra de estado.
- ◤ Anotar la función básica de cada elemento.

Actividad 2. Configuración inicial de Excel

El lector accederá a las opciones de Excel y revisará la configuración general.

- ◤ Acceder al menú de opciones.
- ◤ Localizar las opciones de idioma, guardado automático y vista.
- ◤ Activar o desactivar el guardado automático.

2

DESPLAZAMIENTO POR LA HOJA DE CÁLCULO EN MICROSOFT EXCEL

El desplazamiento por la hoja de cálculo es una de las habilidades básicas más importantes en Excel. Aunque pueda parecer una acción sencilla, dominar correctamente las distintas formas de moverse por una hoja de cálculo es fundamental para trabajar con **hojas extensas**, **grandes volúmenes de datos** y **libros complejos**, habituales en el entorno profesional.

Una hoja de cálculo puede contener **miles de filas y columnas**, por lo que conocer las herramientas de desplazamiento permite ahorrar tiempo, evitar errores y trabajar de forma más eficiente.

2.1 EL CONCEPTO DE DESPLAZAMIENTO EN EXCEL

Desplazarse por una hoja de cálculo significa **mover la celda activa**, es decir, cambiar la posición del cursor dentro de la cuadrícula de celdas. La celda activa es aquella sobre la que se pueden introducir datos o realizar acciones, y se identifica visualmente mediante un borde resaltado.

El desplazamiento puede realizarse de varias formas:

- De manera **precisa**, celda a celda.
- De forma **rápida**, saltando grandes bloques de información.
- Mediante herramientas **visuales**, como barras de desplazamiento.
- Mediante herramientas **directas**, como el cuadro de nombres.

Excel ofrece múltiples métodos para adaptarse a distintos estilos de trabajo y situaciones.

2.2   DESPLAZAMIENTO MEDIANTE EL TECLADO

El uso del teclado es una de las formas más **rápidas y precisas** de desplazarse por una hoja de cálculo, especialmente cuando se trabaja de forma intensiva con datos.

2.2.1   Desplazamiento básico con teclas de dirección

Las **teclas de dirección** permiten mover la celda activa:

▶ Arriba: una fila hacia arriba.

▶ Abajo: una fila hacia abajo.

▶ Izquierda: una columna hacia la izquierda.

▶ Derecha: una columna hacia la derecha.

Este tipo de desplazamiento es útil para:

▶ Revisar datos celda a celda.

▶ Introducir información de forma ordenada.

▶ Corregir valores puntuales.

2.2.2   Desplazamiento por bloques de datos

Cuando una hoja contiene datos organizados en bloques (por ejemplo, una tabla), Excel permite desplazarse rápidamente entre los extremos de dichos bloques.

Este tipo de desplazamiento resulta especialmente útil en:

▶ Listados largos.

▶ Bases de datos sencillas.

▶ Hojas con cientos o miles de filas.

Permite pasar rápidamente del inicio al final de un conjunto de datos sin necesidad de recorrer celda a celda.

2.2.3   Desplazamiento a los extremos de la hoja

Excel permite desplazarse directamente a:

▶ La primera celda de la hoja.

▶ La última fila o columna utilizada.

Este tipo de desplazamiento es útil para:

▶ Comprobar el tamaño real de una hoja.

▶ Detectar datos fuera de la zona visible.

▶ Localizar errores o información residual.

2.2.4   Ventajas del uso del teclado

El desplazamiento mediante teclado presenta varias ventajas:

- Mayor rapidez.
- Mayor precisión.
- Menor dependencia del ratón.
- Mayor productividad en tareas repetitivas.

Por este motivo, en entornos profesionales se fomenta el uso del teclado como herramienta principal de desplazamiento.

2.3   DESPLAZAMIENTO MEDIANTE EL RATÓN

El ratón es una herramienta fundamental para el trabajo visual con Excel y resulta especialmente útil para usuarios principiantes o para tareas que requieren selección gráfica.

2.3.1   Desplazamiento por selección directa

El usuario puede hacer clic directamente sobre una celda visible para convertirla en la celda activa. Este método es intuitivo y muy utilizado en tareas de:

- Revisión de datos.
- Corrección puntual.
- Navegación visual por la hoja.

2.3.2   Uso de la rueda del ratón

La rueda del ratón permite desplazarse verticalmente por la hoja de cálculo, facilitando la revisión de grandes cantidades de información.

En combinación con ciertas teclas, también permite el desplazamiento horizontal, lo que resulta útil en hojas con muchas columnas.

2.3.3   Arrastre de selecciones

El ratón permite arrastrar selecciones para:

- Seleccionar rangos de celdas.
- Desplazarse mientras se mantiene una selección activa.
- Copiar o mover datos.

Este tipo de desplazamiento es muy habitual en tareas de edición y reorganización de datos.

2.3.4   Ventajas y limitaciones del ratón

El uso del ratón ofrece ventajas como:

- ⚑ Facilidad de aprendizaje.
- ⚑ Visión global del contenido.
- ⚑ Mayor control visual.

Sin embargo, en hojas muy grandes puede resultar más lento que el uso del teclado, por lo que ambos métodos suelen combinarse en la práctica profesional.

2.4   GRANDES DESPLAZAMIENTOS DENTRO DE UNA HOJA DE CÁLCULO

En hojas de cálculo extensas, Excel ofrece herramientas específicas para realizar **grandes desplazamientos** de forma inmediata.

2.4.1   El cuadro de nombres

El **cuadro de nombres**, situado junto a la barra de fórmulas, muestra la referencia de la celda activa. Este elemento permite:

- ⚑ Conocer en todo momento la posición exacta del cursor.
- ⚑ Desplazarse directamente a una celda concreta introduciendo su referencia.

Este método es especialmente útil cuando:

- ⚑ Se conoce la ubicación exacta de la información.
- ⚑ Se trabaja con referencias cruzadas.
- ⚑ Se revisan fórmulas complejas.

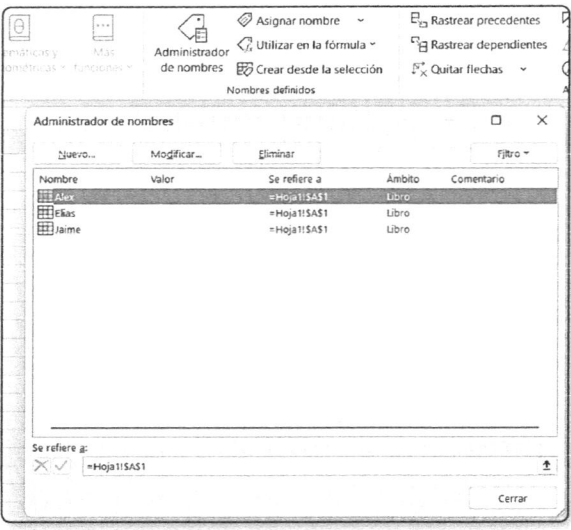

2.4.2   Uso combinado de teclado y ratón

En la práctica profesional, el desplazamiento más eficiente suele lograrse combinando:

▶ Teclado para desplazamientos rápidos.
▶ Ratón para selección y revisión visual.

Esta combinación permite adaptarse a distintos tipos de tareas sin perder fluidez en el trabajo.

2.4.3   Desplazamiento entre hojas del libro

Un libro de Excel puede contener múltiples hojas. El desplazamiento no solo se realiza dentro de una hoja, sino también **entre hojas**.

Las pestañas de hojas permiten:

▶ Cambiar rápidamente de hoja.
▶ Reorganizar hojas.
▶ Acceder a información relacionada.

Este tipo de desplazamiento es esencial cuando se trabaja con libros estructurados por secciones o departamentos.

2.5   USO DE LAS BARRAS DE DESPLAZAMIENTO

Excel incorpora **barras de desplazamiento vertical y horizontal** que permiten moverse por la hoja de cálculo de forma visual.

2.5.1   Barra de desplazamiento vertical

Permite desplazarse a lo largo de las filas de la hoja. Resulta especialmente útil para:

▶ Revisar listados largos.
▶ Localizar información visualmente.
▶ Trabajar sin cambiar la celda activa.

2.5.2   Barra de desplazamiento horizontal

Permite desplazarse a lo largo de las columnas, especialmente útil en hojas con muchos campos o datos comparativos.

2.5.3   Uso combinado con zoom

Las barras de desplazamiento se utilizan habitualmente junto con el zoom para:

▶ Ajustar la visualización.
▶ Revisar datos detallados.
▶ Trabajar con hojas muy densas.

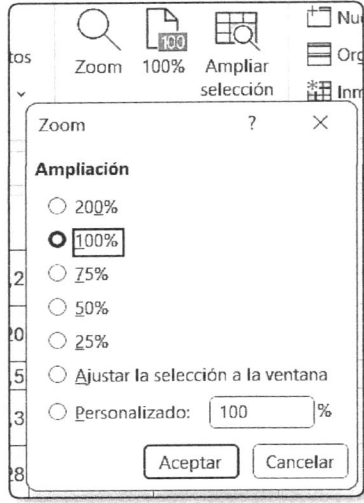

2.6   INMOVILIZACIÓN DE ZONAS PARA FACILITAR EL DESPLAZAMIENTO

Una de las herramientas más importantes relacionadas con el desplazamiento es la **inmovilización de paneles**, que permite mantener visibles determinadas filas o columnas mientras se recorre la hoja.

Esta opción es especialmente útil cuando:

▶ Se trabaja con tablas largas.

▶ Se necesita mantener visibles los encabezados.

▶ Se comparan datos de distintas filas.

La inmovilización mejora notablemente la comprensión de la información y reduce errores de interpretación.

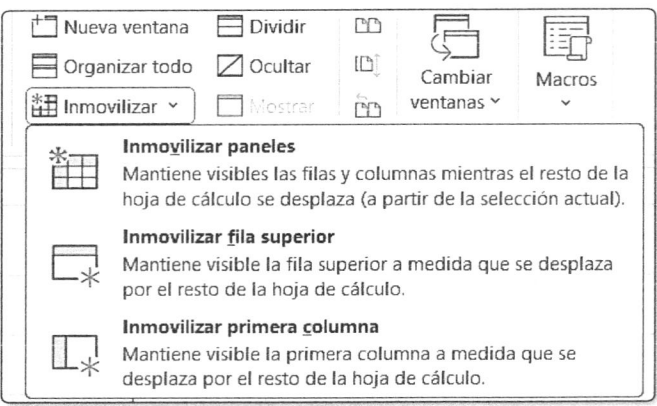

2.7   IMPORTANCIA DEL DOMINIO DEL DESPLAZAMIENTO EN EL ENTORNO PROFESIONAL

El dominio del desplazamiento en Excel no es una habilidad menor, sino una **competencia básica clave** para el trabajo eficiente con hojas de cálculo.

Un usuario que domina las distintas formas de desplazamiento:

- Trabaja más rápido.
- Comete menos errores.
- Gestiona mejor grandes volúmenes de datos.
- Se adapta con facilidad a hojas complejas.

ACTIVIDADES

Actividad 1. Desplazamiento mediante teclado

Descripción

El lector recorrerá una hoja utilizando únicamente el teclado.

- Desplazarse entre celdas con las teclas de dirección.
- Utilizar combinaciones para desplazamientos rápidos.
- Anotar las combinaciones utilizadas.

Actividad 2. Desplazamiento mediante ratón

El lector recorrerá una hoja extensa utilizando el ratón. **Tareas.**

- Usar la rueda del ratón.
- Utilizar las barras horizontal y vertical.
- Comparar rapidez frente al teclado.

3

INTRODUCCIÓN DE DATOS EN LA HOJA DE CÁLCULO

La introducción de datos es una de las tareas fundamentales en el trabajo con hojas de cálculo. De la correcta introducción y comprensión de los distintos tipos de datos depende el buen funcionamiento de fórmulas, funciones, cálculos automáticos y análisis posteriores. En Excel, cada celda puede contener un tipo de dato concreto, y el programa interpreta dicho contenido para darle un tratamiento adecuado.

Comprender cómo introducir los datos correctamente no solo evita errores, sino que permite aprovechar todo el potencial de la aplicación en el entorno profesional.

3.1 CONCEPTO DE DATO EN EXCEL

Un **dato** es cualquier información que se introduce en una celda de la hoja de cálculo. Puede tratarse de un número, un texto, una fecha, una fórmula o una función. Excel analiza automáticamente el contenido introducido en la celda y determina su tipo, aplicando el formato y comportamiento correspondientes.

Es importante entender que Excel no solo almacena el dato tal y como se ve en pantalla, sino que internamente lo interpreta para realizar cálculos, comparaciones y representaciones gráficas.

3.2 PROCESO DE INTRODUCCIÓN DE DATOS EN UNA CELDA

Para introducir un dato en Excel es necesario seguir un proceso básico:

- Seleccionar la celda en la que se desea introducir la información.
- Escribir el dato utilizando el teclado.
- Confirmar la entrada del dato, normalmente pulsando la tecla Intro o desplazándose a otra celda.

Durante este proceso, el contenido introducido aparece tanto en la celda como en la barra de fórmulas, lo que permite revisarlo y modificarlo con mayor precisión.

3.3   TIPOS DE DATOS EN EXCEL

Excel reconoce y gestiona distintos tipos de datos. Cada uno tiene un comportamiento específico y un uso concreto dentro de la hoja de cálculo.

3.3.1   Datos numéricos

Los **datos numéricos** son aquellos que representan cantidades y pueden utilizarse para realizar cálculos matemáticos. Incluyen números enteros, decimales, porcentajes y valores monetarios.

Excel utiliza los datos numéricos para:

▶ Realizar operaciones aritméticas.

▶ Calcular totales, promedios y estadísticas.

▶ Generar gráficos.

▶ Aplicar funciones matemáticas y financieras.

Es importante introducir correctamente los separadores decimales y de miles según la configuración regional del sistema, ya que un error en este aspecto puede hacer que Excel interprete el número como texto.

3.3.2   Datos alfanuméricos

Los **datos alfanuméricos** incluyen texto o combinaciones de letras y números, como nombres, apellidos, direcciones, códigos o descripciones.

Estos datos no se utilizan directamente en cálculos matemáticos, pero son esenciales para:

▶ Identificar registros.

▶ Etiquetar columnas y filas.

▶ Acompañar datos numéricos.

▶ Crear listados y bases de datos simples.

Excel trata estos datos como texto, por lo que no se ven afectados por operaciones matemáticas salvo que se utilicen funciones específicas.

3.3.3   Datos de fecha y hora

Las **fechas y horas** constituyen un tipo de dato especial en Excel. Aunque se muestran en un formato comprensible para el usuario, internamente se almacenan como valores numéricos.

Gracias a esta característica, Excel permite:

▼ Calcular diferencias entre fechas.

▼ Sumar o restar días, meses u horas.

▼ Ordenar registros cronológicamente.

▼ Analizar periodos de tiempo.

Es fundamental introducir las fechas siguiendo un formato reconocido por Excel para evitar que sean tratadas como texto.

3.3.4   Fórmulas

Una **fórmula** es una expresión que realiza un cálculo a partir de los valores contenidos en una o varias celdas. En Excel, todas las fórmulas comienzan con el signo igual (=), lo que indica al programa que debe realizar una operación.

Las fórmulas permiten:

▼ Automatizar cálculos.

▼ Actualizar resultados de forma automática al cambiar los datos.

▼ Reducir errores humanos.

▼ Trabajar con grandes volúmenes de información.

La correcta introducción de fórmulas es uno de los pilares del uso profesional de Excel.

3.3.5   Funciones

Las **funciones** son fórmulas predefinidas que simplifican la realización de cálculos complejos. Excel incluye cientos de funciones agrupadas por categorías, como matemáticas, estadísticas, lógicas o financieras.

El uso de funciones permite:

▼ Ahorrar tiempo.

▼ Evitar errores de escritura.

▼ Realizar cálculos avanzados sin conocimientos matemáticos profundos.

Las funciones se introducen siguiendo una estructura concreta, que Excel guía mediante el asistente de funciones.

Producto	Cantidad	Fecha compra	Total (€)
Manzanas	10	01/01/2025	=B2*1.50
Peras	5	02/01/2025	=B3*1.50
Plátanos	12	03/01/2025	=B4*1.50
Total general	—	—	**=SUMA(D2:D4)**

3.4   MODIFICACIÓN DE DATOS INTRODUCIDOS

Una vez introducido un dato, Excel permite modificarlo de varias formas:

▶ Editando directamente el contenido de la celda.

▶ Modificando el contenido desde la barra de fórmulas.

▶ Sustituyendo el dato por uno nuevo.

Estas opciones facilitan la corrección de errores y la actualización de la información sin necesidad de eliminar y volver a crear celdas.

3.5   CONFIRMACIÓN Y VALIDACIÓN DE DATOS

Excel valida automáticamente muchos datos durante su introducción, especialmente en el caso de fechas, horas y fórmulas. Si detecta un error, muestra mensajes o indicadores visuales que alertan al usuario.

Además, el programa permite configurar reglas de validación de datos, lo que resulta especialmente útil en entornos profesionales para:

▶ Evitar la introducción de datos incorrectos.

▶ Garantizar la coherencia de la información.

▶ Proteger la calidad de los datos introducidos.

3.6   IMPORTANCIA DE LA CORRECTA INTRODUCCIÓN DE DATOS

La correcta introducción de datos es esencial porque:

▶ Afecta directamente a los resultados de los cálculos.

▶ Condiciona el funcionamiento de fórmulas y funciones.

▶ Influye en la fiabilidad de los análisis y gráficos.

▶ Reduce errores en procesos administrativos y de gestión.

3.7   INSERCIÓN Y ELIMINACIÓN DE ELEMENTOS EN LA HOJA DE CÁLCULO

Además de modificar el contenido de las celdas, Excel permite **alterar la estructura de la hoja de cálculo** mediante la inserción y eliminación de distintos elementos. Estas operaciones son fundamentales cuando se necesita reorganizar la información, añadir nuevos datos, eliminar información innecesaria o adaptar la hoja a nuevas exigencias del trabajo.

La inserción y eliminación afectan directamente a la disposición de los datos, por lo que deben realizarse con especial atención, ya que pueden modificar el posicionamiento de la información y el comportamiento de las fórmulas existentes.

3.7.1   Inserción y eliminación de celdas

La **inserción de celdas** permite añadir espacio dentro de una hoja de cálculo sin necesidad de insertar filas o columnas completas. Al insertar celdas, Excel desplaza automáticamente las celdas existentes hacia la derecha o hacia abajo, en función de la opción seleccionada.

La inserción de celdas se utiliza habitualmente cuando:

▰ Es necesario añadir información intermedia dentro de una tabla.

▰ Se desea reorganizar datos sin alterar toda la estructura de la hoja.

▰ Se corrige un error de planificación en la disposición inicial de los datos.

La **eliminación de celdas** elimina tanto el contenido como la propia celda, provocando que las celdas adyacentes se desplacen para ocupar el espacio vacío. Esta operación debe realizarse con precaución, ya que puede alterar la correspondencia entre datos y fórmulas.

Es importante diferenciar claramente entre:

▰ Borrar contenido de una celda, que conserva la estructura.

▰ Eliminar una celda, que modifica la estructura de la hoja.

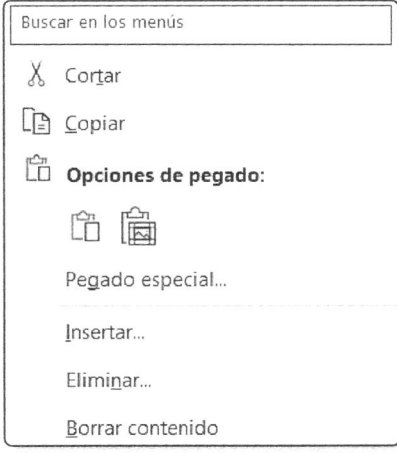

3.7.2   Inserción y eliminación de filas

La **inserción de filas** permite añadir nuevos registros completos en una hoja de cálculo. En la mayoría de contextos profesionales, las hojas de cálculo funcionan como listados o tablas en las que cada fila representa una unidad de información, como un cliente, un producto, una operación o un día concreto.

Insertar filas es especialmente útil cuando:

⚐ Se incorporan nuevos registros a un listado existente.

⚐ Se amplía la información con nuevos datos.

⚐ Se mantiene un orden cronológico o lógico de los registros.

Excel inserta las filas desplazando hacia abajo las filas existentes, manteniendo la coherencia de la hoja.

La **eliminación de filas** elimina completamente los registros seleccionados. Esta operación es habitual cuando:

⚐ Existen registros duplicados.

⚐ Se detectan errores en los datos.

⚐ La información deja de ser relevante.

Al eliminar filas, es fundamental comprobar que las fórmulas que hacen referencia a los datos eliminados no se vean afectadas negativamente.

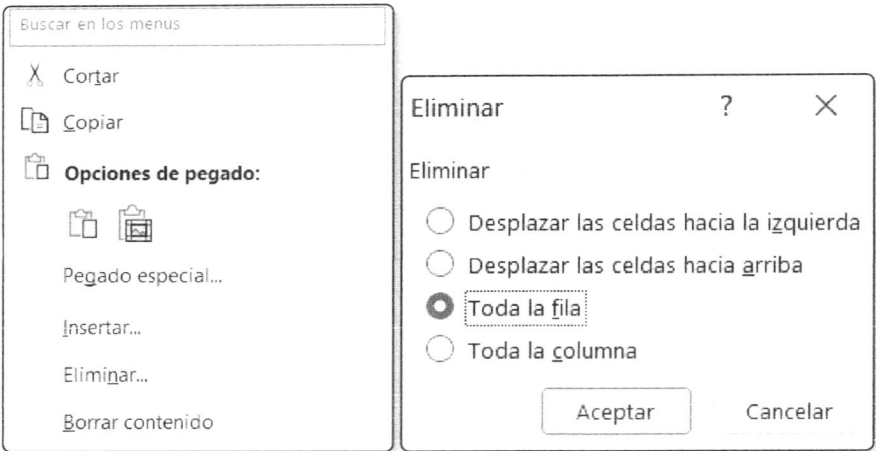

3.7.3   Inserción y eliminación de columnas

La inserción de columnas permite añadir nuevos campos de información a la hoja de cálculo. Cada columna suele representar un tipo de dato distinto, por lo que esta operación es habitual cuando se amplía la información que se desea registrar.

Insertar columnas resulta especialmente útil cuando:

▸ Se añade un nuevo dato asociado a cada registro.

▸ Se amplía un formulario o una tabla.

▸ Se reorganiza la estructura de la hoja para mejorar la claridad.

Excel desplaza automáticamente las columnas existentes hacia la derecha al insertar nuevas columnas.

La **eliminación de columnas** elimina completamente un campo de información. Esta operación se utiliza cuando:

▸ Una columna deja de ser necesaria.

▸ La información contenida es errónea o redundante.

▸ Se simplifica la hoja de cálculo.

Al igual que ocurre con las filas, eliminar columnas puede afectar a fórmulas, gráficos y referencias, por lo que debe realizarse con atención.

3.7.4   Inserción y eliminación de hojas de cálculo

Un libro de Excel puede contener múltiples **hojas de cálculo**, lo que permite organizar la información de forma estructurada. La inserción y eliminación de hojas es una herramienta clave para gestionar libros complejos.

La **inserción de hojas de cálculo** se utiliza para:

▸ Crear nuevas secciones de información.

▸ Separar datos por periodos, departamentos o proyectos.

▸ Ampliar un libro sin mezclar información distinta en una sola hoja.

La **eliminación de hojas de cálculo** permite eliminar secciones completas de información que ya no son necesarias. Esta operación debe realizarse con precaución, ya que la eliminación de una hoja supone la pérdida definitiva de todos sus datos.

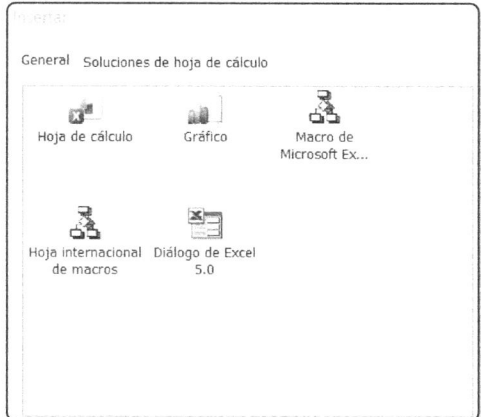
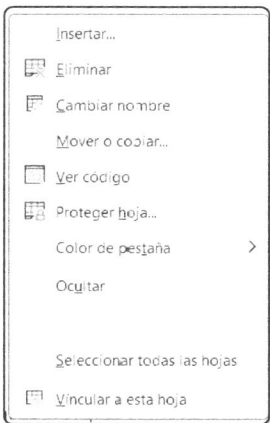

3.8   COPIADO O REUBICACIÓN DE INFORMACIÓN

Además de insertar o eliminar elementos, Excel permite **copiar o mover información**, lo que facilita la reorganización de los datos, la reutilización de estructuras y la creación de nuevas versiones de una hoja de cálculo.

El copiado conserva el elemento original, mientras que la reubicación implica un cambio de posición.

3.8.1   Copiado de celdas o rangos de celdas

El **copiado de celdas o rangos** permite duplicar información sin modificar el contenido original. Esta operación es una de las más utilizadas en Excel y resulta esencial para:

▼ Repetir estructuras de datos.

▼ Aplicar fórmulas a nuevos conjuntos de información.

▼ Crear copias de seguridad dentro de la misma hoja.

▼ Reutilizar datos en distintas zonas del documento.

Excel adapta automáticamente las referencias de las fórmulas al copiar rangos, lo que facilita el trabajo con cálculos repetitivos.

3.8.2   Reubicación de celdas o rangos de celdas

La **reubicación** consiste en mover celdas o rangos de una posición a otra dentro de la hoja o a otra hoja distinta. Esta operación es útil cuando:

▼ Se reorganiza la estructura de la hoja.

▼ Se agrupan datos relacionados.

▼ Se corrige una mala disposición inicial de la información.

Excel ajusta automáticamente las referencias de las fórmulas, reduciendo el riesgo de errores en los cálculos.

3.8.3   Copiado de hojas de cálculo

Excel permite **copiar hojas completas**, lo que resulta especialmente útil para:

▼ Crear plantillas reutilizables.

▼ Generar informes periódicos (mensuales, trimestrales, anuales).

▼ Conservar versiones de una hoja antes de realizar cambios importantes.

Copiar una hoja completa permite mantener tanto los datos como el formato y las fórmulas, ahorrando tiempo y evitando errores.

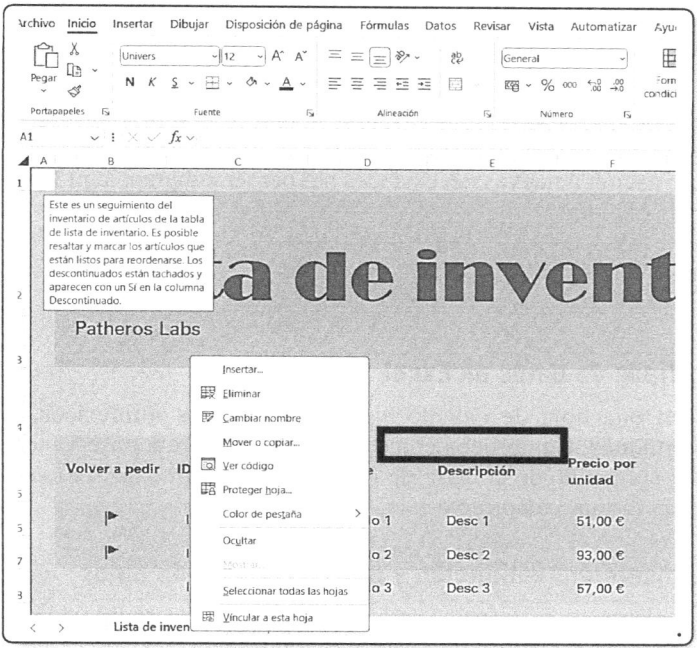

3.8.4   Reubicación de hojas de cálculo

La **reubicación de hojas** permite cambiar el orden de las hojas dentro de un libro o moverlas a otro libro distinto. Esta operación facilita:

- La organización lógica de la información.
- La agrupación de hojas relacionadas.
- La preparación de libros para su distribución o presentación.

Una correcta organización de las hojas mejora la claridad del documento y facilita su uso por otros usuarios.

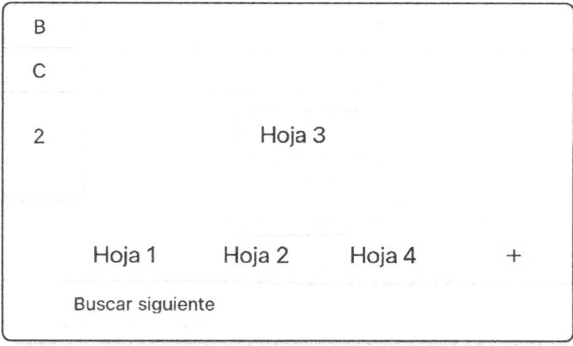

3.9 IMPORTANCIA DE LA CORRECTA INSERCIÓN, ELIMINACIÓN Y REUBICACIÓN DE ELEMENTOS

Las operaciones de inserción, eliminación, copiado y reubicación son esenciales para mantener una hoja de cálculo actualizada, ordenada y funcional. Su uso correcto permite adaptar la información a nuevas necesidades sin perder coherencia ni fiabilidad.

ACTIVIDADES

Actividad 1. Tipos de datos en Excel

Introduce en una hoja de cálculo ejemplos de **datos numéricos, texto, fechas, fórmulas y funciones**. Comprueba cómo Excel los interpreta observando la alineación en la celda y el contenido de la barra de fórmulas. Anota qué ocurre cuando un dato se introduce con un formato incorrecto.

Actividad 2. Inserción, validación y reorganización de datos

Crea una tabla sencilla de gastos e introduce reglas de **validación de datos** para fechas e importes. Inserta y elimina filas y columnas comprobando cómo se adaptan las fórmulas. Reorganiza la información copiando y moviendo rangos de celdas sin perder coherencia.

4

ALMACENAMIENTO Y RECUPERACIÓN DE UN LIBRO EN MICROSOFT EXCEL

El almacenamiento y la recuperación de los libros de Excel constituyen una de las competencias fundamentales en el uso profesional de las hojas de cálculo. No basta con saber introducir o modificar datos correctamente: es imprescindible conocer cómo **guardar, organizar, recuperar y proteger la información**, ya que de ello depende la continuidad del trabajo, la seguridad de los datos y la eficiencia en los procesos administrativos y de gestión.

En el entorno laboral, una mala gestión de los archivos puede provocar pérdidas de información, duplicidades innecesarias, errores en versiones de documentos o dificultades para el trabajo colaborativo. Microsoft Excel incorpora numerosas herramientas que facilitan una gestión avanzada de los libros, integrando el trabajo local con el almacenamiento en la nube y ofreciendo mecanismos de protección y recuperación de versiones.

4.1 EL CONCEPTO DE LIBRO EN EXCEL

En Microsoft Excel, el archivo principal recibe el nombre de **libro**. El libro es la unidad básica de almacenamiento y trabajo en Excel y puede contener una o varias hojas de cálculo relacionadas entre sí. Cada libro:

- Se guarda como un archivo independiente.
- Puede contener datos, fórmulas, funciones, gráficos y formatos.
- Permite estructurar la información en distintas hojas.
- Puede compartirse con otros usuarios.
- Puede reutilizarse como plantilla o modelo de trabajo.

Es fundamental que el lector comprenda la diferencia entre **libro** y **hoja de cálculo**, ya que muchas operaciones de almacenamiento afectan al libro completo y no únicamente a una hoja concreta. Un error frecuente en usuarios principiantes es pensar que cada hoja es un archivo independiente, cuando en realidad todas las hojas forman parte de un mismo libro.

4.2 CREACIÓN DE UN NUEVO LIBRO

La creación de un nuevo libro es el primer paso para iniciar cualquier trabajo en Excel. Un libro nuevo proporciona un entorno vacío o preconfigurado en el que introducir los datos y diseñar la hoja de cálculo.

Excel permite crear libros de distintas formas, adaptándose a las necesidades del usuario.

La forma más habitual es la creación de un **libro en blanco**, que proporciona una hoja vacía lista para comenzar a trabajar. Este método es especialmente adecuado cuando se desea diseñar una hoja de cálculo desde cero, adaptándola completamente a las necesidades del trabajo.

Otra opción es la creación de un libro a partir de **plantillas prediseñadas**, que ofrecen estructuras ya configuradas para tareas comunes como presupuestos, facturación, control de gastos o planificación. Las plantillas permiten ahorrar tiempo y garantizan una estructura coherente, especialmente útil en tareas repetitivas.

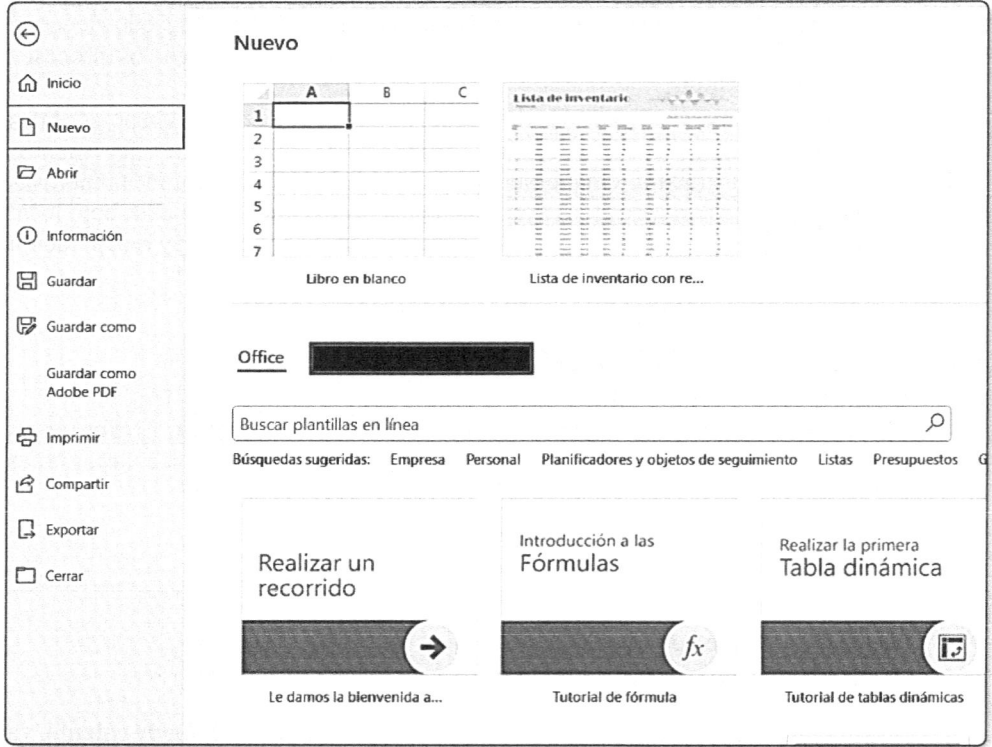

4.3   EL PROCESO DE GUARDADO DE UN LIBRO

El **guardado** es una operación crítica en Excel, ya que permite conservar los cambios realizados y asegurar que el trabajo no se pierda. Guardar un libro implica almacenar el archivo en una ubicación concreta con un nombre determinado.

Cuando se guarda un libro por primera vez, Excel solicita al usuario que:

▼ Asigne un nombre al archivo.

▼ Elija la ubicación donde se almacenará.

▼ Seleccione el formato del archivo, normalmente el formato estándar de Excel.

Es recomendable utilizar nombres de archivo claros y descriptivos, que permitan identificar fácilmente el contenido del libro sin necesidad de abrirlo. Una buena práctica profesional es incluir en el nombre información como el tipo de documento, la fecha o el periodo al que hace referencia.

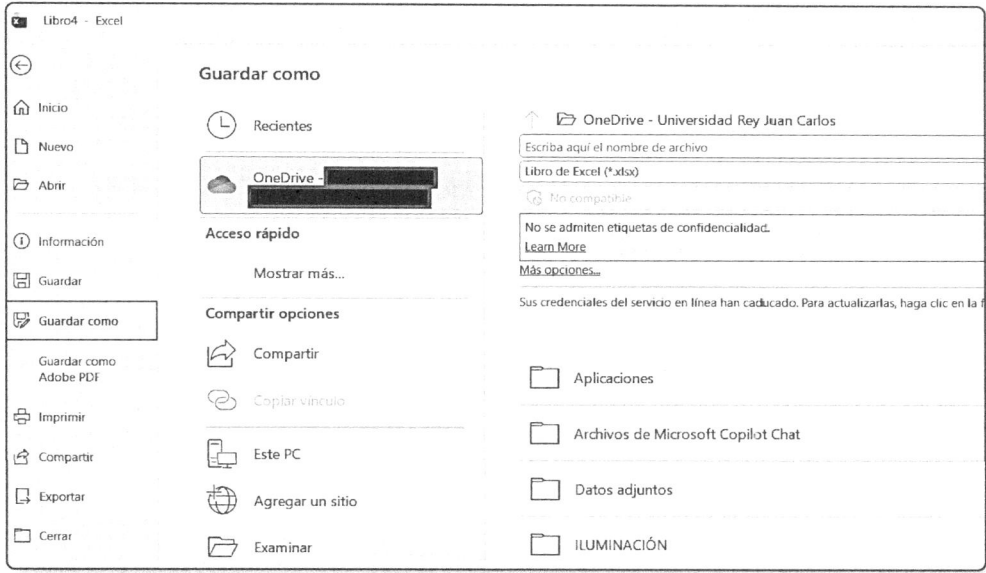

4.4   GUARDADO MANUAL Y AUTOMÁTICO

Excel incorpora dos sistemas de guardado complementarios: el **guardado manual** y automático.

El guardado manual permite al usuario decidir cuándo guardar los cambios. Es especialmente útil cuando se desea controlar versiones del documento o realizar guardados estratégicos tras cambios importantes.

El guardado automático, por su parte, es una de las principales novedades de Excel. Cuando el libro se guarda en la nube, los cambios se almacenan automáticamente a medida que se realizan, reduciendo de forma drástica el riesgo de pérdida de información.

El guardado automático:

▸ Protege el trabajo frente a cierres inesperados.

▸ Permite recuperar versiones anteriores del documento.

▸ Facilita el trabajo colaborativo.

▸ Aumenta la seguridad de los datos.

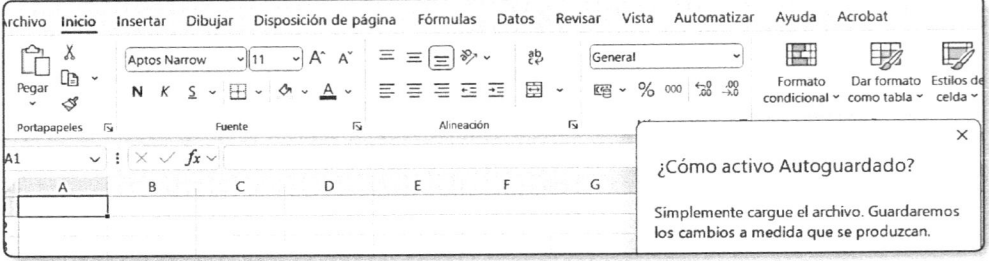

4.5   UBICACIÓN DE LOS LIBROS: ALMACENAMIENTO LOCAL Y EN LA NUBE

Excel permite guardar los libros tanto en el **equipo local** como en servicios de **almacenamiento en la nube**.

El almacenamiento local consiste en guardar el archivo en el disco duro del ordenador. Esta opción es adecuada cuando se trabaja de forma individual y no se necesita acceso desde otros dispositivos.

El almacenamiento en la nube, integrado mediante OneDrive o SharePoint, permite:

▸ Acceder a los libros desde distintos dispositivos.

▸ Compartir archivos con otros usuarios.

▸ Trabajar de forma colaborativa en tiempo real.

▸ Recuperar versiones anteriores del documento.

Comprender las diferencias entre ambos tipos de almacenamiento es esencial para elegir la opción más adecuada en cada situación profesional.

4.6 APERTURA DE UN LIBRO YA EXISTENTE

La **apertura de un libro existente** permite retomar trabajos anteriores o consultar información almacenada. Excel facilita esta operación mediante diferentes opciones de acceso.

El programa muestra una lista de libros recientes, lo que permite abrir rápidamente los documentos utilizados con mayor frecuencia. También es posible navegar por carpetas locales o ubicaciones en la nube para localizar archivos específicos.

La correcta apertura de libros garantiza que se trabaja siempre sobre el archivo adecuado y evita confusiones entre versiones similares.

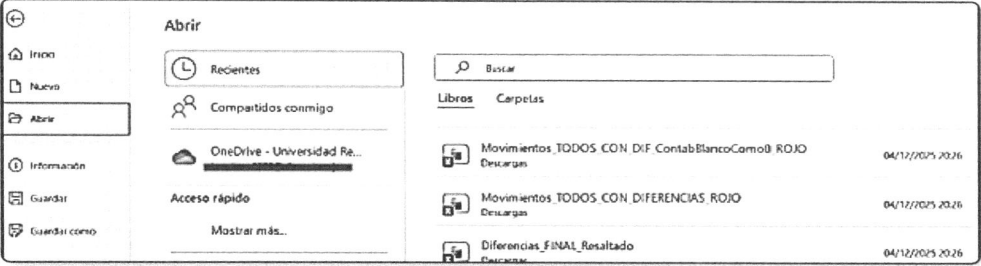

4.7 CREACIÓN DE COPIAS Y DUPLICADOS DE UN LIBRO

La creación de copias de un libro es una práctica habitual en el entorno profesional. Duplicar un libro permite trabajar sobre una copia sin alterar el documento original.

Esta operación es especialmente útil cuando:

- Se van a realizar cambios importantes.
- Se desea conservar una versión anterior.
- Se reutiliza una estructura para otro periodo o proyecto.
- Se crean informes periódicos a partir de un mismo modelo.

La duplicación de libros contribuye a una gestión más segura de la información y facilita el control de versiones.

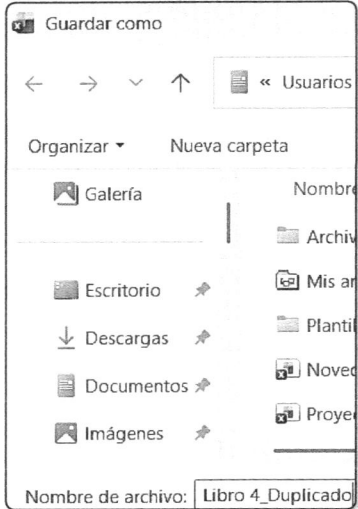

4.8   CIERRE DE UN LIBRO Y PROTECCIÓN FRENTE A PÉRDIDAS DE DATOS

El cierre de un libro finaliza la sesión de trabajo sobre ese archivo. Excel incorpora mecanismos de seguridad que advierten al usuario si existen cambios sin guardar antes de cerrar.

Este aviso es fundamental para evitar pérdidas accidentales de información. En el entorno profesional, cerrar correctamente los libros es una práctica básica que contribuye a la seguridad de los datos.

4.9   ORGANIZACIÓN DE LOS LIBROS

Una correcta organización de los libros de Excel es esencial para mantener un entorno de trabajo ordenado y eficiente. Algunas recomendaciones incluyen:

- ▼ Utilizar nombres de archivos claros y coherentes.
- ▼ Organizar los libros en carpetas temáticas.
- ▼ Mantener un histórico de versiones importantes.
- ▼ Evitar duplicidades innecesarias.
- ▼ Aprovechar las ventajas del almacenamiento en la nube.

Excel facilita la aplicación de estas recomendaciones gracias a sus herramientas de gestión de archivos y su integración con Microsoft 365.

4.10   IMPORTANCIA DEL ALMACENAMIENTO Y RECUPERACIÓN EN EL ENTORNO LABORAL

El correcto almacenamiento y recuperación de libros en Excel no solo evita pérdidas de información, sino que mejora la eficiencia del trabajo, facilita la colaboración y refuerza la seguridad de los datos.

ACTIVIDADES

Actividad 1. Creación de un libro nuevo y reconocimiento del entorno de guardado

El lector creará un libro nuevo en Excel, identificará que todavía no está guardado y reconocerá los indicadores visuales que ofrece la aplicación antes del primer guardado.

Pasos a realizar:

1. Abrir Microsoft Excel.
2. Seleccionar la opción de crear un libro en blanco.
3. Observar el nombre provisional del archivo en la barra de título.
4. Introducir cualquier dato sencillo en una celda, por ejemplo un texto o un número.
5. Comprobar que el libro aún no tiene nombre asignado ni ubicación definitiva.

Actividad 2. Guardado inicial de un libro con nombre y ubicación

El lector guardará el libro creado anteriormente en una carpeta específica del equipo o en la nube, asignándole un nombre identificativo.

Pasos a realizar:

1. Acceder a la opción de guardar el libro.

2. Seleccionar la opción "Guardar como".

3. Elegir una ubicación (equipo local o nube).

4. Crear, si es necesario, una carpeta con un nombre relacionado con la actividad.

5. Asignar al libro un nombre descriptivo, por ejemplo: "Practica_Almacenamiento_Excel".

6. Confirmar el guardado.

5

OPERACIONES CON RANGOS EN MICROSOFT EXCEL

El trabajo con **rangos de celdas** es uno de los aspectos más importantes y característicos del uso de Microsoft Excel. A diferencia de otras aplicaciones ofimáticas, Excel no está pensado para trabajar celda a celda de forma aislada, sino para operar con **conjuntos de celdas** que contienen información relacionada. Estos conjuntos reciben el nombre de rangos.

Un rango permite tratar varias celdas como una sola unidad lógica, lo que facilita la aplicación de fórmulas, funciones, formatos, gráficos y otras herramientas. En el entorno profesional, donde es habitual trabajar con listados extensos, tablas de datos y hojas estructuradas, el dominio de los rangos es imprescindible para trabajar con rapidez, precisión y seguridad.

5.1 CONCEPTO DE RANGO EN EXCEL

Un **rango** es un conjunto de dos o más celdas seleccionadas para realizar una acción conjunta. Estas celdas pueden estar situadas de forma continua o no continua dentro de una hoja de cálculo, o incluso repartidas entre varias hojas del mismo libro.

Excel identifica los rangos mediante referencias que indican la primera y la última celda que lo componen. Estas referencias son utilizadas internamente por el programa para aplicar cálculos, formatos o cualquier otra operación.

Trabajar con rangos permite:

- Aplicar una misma acción a varias celdas simultáneamente.
- Reducir el tiempo necesario para realizar tareas repetitivas.
- Evitar errores derivados de modificaciones manuales celda a celda.
- Mantener la coherencia de los datos y del formato.

Comprender este concepto es fundamental antes de avanzar hacia el uso de fórmulas, funciones y análisis de datos.

5.2   RELLENO RÁPIDO DE UN RANGO

El **relleno rápido** es una de las herramientas más utilizadas cuando se trabaja con rangos en Excel. Esta funcionalidad permite completar automáticamente una serie de datos siguiendo un patrón que el programa reconoce a partir de los valores iniciales introducidos por el usuario.

El relleno rápido se utiliza habitualmente para:

▶ Completar series numéricas consecutivas.

▶ Rellenar fechas de forma automática.

▶ Copiar fórmulas a lo largo de un rango.

▶ Repetir textos o estructuras de datos.

Para utilizar el relleno rápido, Excel pone a disposición del usuario un pequeño controlador visual situado en una esquina de la selección. Al arrastrar este controlador, Excel analiza el contenido inicial y genera el resto de la serie.

Esta herramienta es especialmente útil en el entorno profesional, ya que evita la introducción manual de datos repetitivos y reduce considerablemente la posibilidad de errores.

5.3   SELECCIÓN DE VARIOS RANGOS SIMULTÁNEAMENTE

Microsoft Excel permite seleccionar **varios rangos de celdas de forma simultánea**, incluso cuando dichos rangos **no están situados de manera contigua** dentro de la hoja de cálculo. Esta funcionalidad resulta especialmente útil cuando se desea aplicar una misma acción a diferentes zonas del documento sin tener que repetir el proceso de forma individual en cada una de ellas.

La selección de rangos múltiples facilita el trabajo y mejora la eficiencia, especialmente en hojas de cálculo extensas o con información distribuida en distintas áreas.

¿Para qué se utiliza la selección de rangos múltiples?

La selección de rangos múltiples se emplea, entre otras situaciones, para:

► Aplicar un mismo formato (tipo de letra, color, bordes o relleno) a celdas situadas en diferentes partes de la hoja.

► Borrar el contenido de celdas que no están juntas sin afectar al resto de la información.

► Copiar información dispersa para pegarla en otra ubicación o en otro documento.

► Realizar modificaciones conjuntas, como cambiar el formato de número o la alineación de varias celdas separadas.

¿Cómo se seleccionan varios rangos no contiguos en Excel?

Para seleccionar varios rangos de celdas no contiguos, se debe seguir el siguiente procedimiento:

1. Seleccionar el primer rango de celdas haciendo clic y arrastrando con el ratón, o bien utilizando el teclado.

2. Mantener pulsada la tecla **Ctrl** del teclado.

3. Sin soltar la tecla **Ctrl**, seleccionar con el ratón el segundo rango de celdas.

4. Repetir el proceso para añadir tantos rangos como sea necesario.

5. Soltar la tecla **Ctrl** una vez finalizada la selección.

Cada rango añadido se resaltará visualmente, indicando que forma parte de la selección múltiple.

Limitaciones y consideraciones importantes

Aunque la selección de rangos múltiples es muy útil, es importante tener en cuenta que **no todas las operaciones pueden aplicarse sobre este tipo de selección**. Algunas funciones y fórmulas de Excel requieren que los rangos sean continuos para funcionar correctamente.

Por este motivo, antes de trabajar con rangos múltiples, el usuario debe:

- ▶ Valorar qué operación va a realizar.
- ▶ Comprobar si dicha operación admite rangos no contiguos.
- ▶ Utilizar rangos continuos cuando se trate de cálculos complejos o funciones específicas.

Recomendación de uso

La selección de rangos múltiples es especialmente recomendable para tareas de **formato y edición**, mientras que para cálculos y análisis de datos suele ser más adecuado trabajar con rangos continuos o tablas estructuradas.

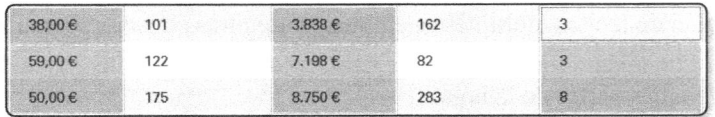

5.4   RANGOS TRIDIMENSIONALES

Los **rangos tridimensionales** permiten trabajar con celdas que se encuentran en la misma posición, pero en distintas hojas de cálculo dentro de un mismo libro. Este tipo de rango es especialmente útil cuando varias hojas tienen la misma estructura y se desea realizar una operación conjunta sobre todas ellas.

Por ejemplo, es habitual que un libro contenga varias hojas mensuales con la misma disposición de datos. En estos casos, los rangos tridimensionales permiten:

- ▶ Sumar datos de varias hojas a la vez.
- ▶ Comparar información entre periodos.
- ▶ Consolidar resultados en una hoja resumen.
- ▶ Aplicar fórmulas de forma global.

El uso de rangos tridimensionales evita tener que copiar manualmente los datos de distintas hojas, lo que reduce errores y agiliza el análisis de la información.

C31		⌄	⋮ × ✓ f_x ⌄	=SUMA('Lista de inventario:Lista de inventario (2)'!G25:G30)			
A	B		C	D	E	F	G	H
			IN0017	Artículo 17	Desc 17	97,00 €	57	5.529 €
	▶		IN0018	Artículo 18	Desc 18	12,00 €	6	72 €
	▶		IN0019	Artículo 19	Desc 19	82,00 €	143	11.726 €
			IN0020	Artículo 20	Desc 20	16,00 €	124	1.984 €
			IN0021	Artículo 21	Desc 21	19,00 €	112	2.128 €
			IN0022	Artículo 22	Desc 22	24,00 €	182	4.368 €
			IN0023	Artículo 23	Desc 23	29,00 €	106	3.074 €
			IN0024	Artículo 24	Desc 24	75,00 €	173	12.975 €
			IN0025	Artículo 25	Desc 25	14,00 €	28	392 €
			2175					

5.5   NOMBRES DE RANGOS

Excel permite asignar **nombres personalizados a los rangos**, sustituyendo las referencias tradicionales de celdas por identificadores más descriptivos. En lugar de trabajar con referencias difíciles de interpretar, el usuario puede emplear nombres que reflejen claramente el contenido del rango.

Los nombres de rangos se utilizan para:

- ⯈ Mejorar la legibilidad de las fórmulas.
- ⯈ Facilitar la comprensión de la hoja de cálculo.
- ⯈ Reducir errores al trabajar con referencias complejas.
- ⯈ Hacer más intuitivo el mantenimiento del documento.

Por ejemplo, una fórmula que utiliza un rango con nombre resulta mucho más comprensible que otra basada únicamente en referencias numéricas.

5.6   USO DE RANGOS CON NOMBRE EN FÓRMULAS Y FUNCIONES

Una vez asignado un nombre a un rango, este puede utilizarse directamente en fórmulas y funciones, igual que si se tratara de una referencia tradicional. Excel reconoce el nombre y lo asocia automáticamente al conjunto de celdas correspondiente.

El uso de rangos con nombre aporta numerosas ventajas:

- ⯈ Las fórmulas son más fáciles de leer y entender.
- ⯈ Se reduce el riesgo de errores al modificar la hoja.
- ⯈ Es más sencillo actualizar los datos si cambia la estructura del rango.
- ⯈ Se facilita el trabajo colaborativo, ya que otros usuarios comprenden mejor el funcionamiento del documento.

En hojas de cálculo complejas, esta práctica es altamente recomendable.

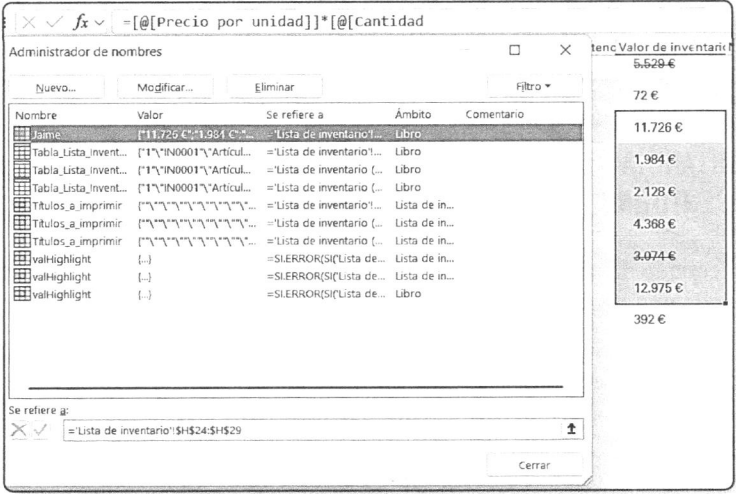

5.7 MODIFICACIÓN Y GESTIÓN DE RANGOS CON NOMBRE

Excel incluye herramientas específicas para **gestionar los rangos con nombre**. Estas herramientas permiten al usuario:

- ▶ Consultar todos los nombres definidos en el libro.
- ▶ Modificar el rango asociado a un nombre.
- ▶ Cambiar el nombre asignado.
- ▶ Eliminar nombres que ya no se utilizan.

La correcta gestión de los rangos con nombre es esencial para mantener la coherencia de la hoja de cálculo a lo largo del tiempo, especialmente cuando se realizan modificaciones en la estructura de los datos.

5.8 IMPORTANCIA DEL USO CORRECTO DE RANGOS EN EL ENTORNO PROFESIONAL

El uso adecuado de rangos es una competencia clave para cualquier usuario de Excel. Trabajar correctamente con rangos permite:

- ▶ Gestionar grandes volúmenes de datos de forma eficiente.
- ▶ Reducir errores en cálculos y análisis.
- ▶ Mejorar la claridad y mantenimiento de las hojas de cálculo.
- ▶ Aumentar la productividad en el entorno laboral.

El dominio de las operaciones con rangos sienta las bases necesarias para abordar con éxito contenidos más avanzados, como la modificación del aspecto de la hoja, el uso intensivo de funciones, la creación de gráficos y el tratamiento avanzado de datos.

ACTIVIDADES

Actividad 1. Creación, relleno y selección de rangos de datos

El lector trabajará con una hoja de cálculo en blanco y creará un rango de datos numéricos y de fechas, utilizando el relleno rápido para completar la información.

Pasos a realizar:

1. Abrir un libro nuevo en Excel.
2. Introducir en una columna una serie de números consecutivos en las dos primeras celdas.
3. Seleccionar ambas celdas para definir el patrón.
4. Utilizar el controlador de relleno para completar el resto del rango.
5. Repetir el proceso con una serie de fechas en otra columna.
6. Seleccionar el rango completo de datos creado.
7. Seleccionar dos rangos no contiguos manteniendo pulsada la tecla correspondiente.

Actividad 2. Asignación y uso de nombres de rangos

El lector asignará un nombre a un rango de datos y lo utilizará posteriormente en una fórmula para realizar un cálculo sencillo.

Pasos a realizar:

1. Introducir una serie de valores numéricos en una columna.
2. Seleccionar el rango que contiene los valores.
3. Asignar un nombre al rango utilizando el cuadro de nombres.
4. Seleccionar una celda vacía.
5. Introducir una fórmula que utilice el nombre del rango asignado.
6. Confirmar la fórmula y comprobar el resultado.
7. Modificar uno de los valores del rango y observar cómo se actualiza el resultado.

6

MODIFICACIÓN DE LA APARIENCIA DE UNA HOJA DE CÁLCULO EN MICROSOFT EXCEL

La modificación de la apariencia de una hoja de cálculo es una fase esencial del trabajo con Microsoft Excel. Aunque Excel es una herramienta fundamentalmente orientada al tratamiento y análisis de datos, el aspecto visual de la información desempeña un papel clave en su correcta interpretación, comprensión y presentación. Una hoja de cálculo bien formateada no solo resulta más atractiva visualmente, sino que facilita la lectura, reduce errores, mejora la claridad de los datos y transmite una imagen profesional del trabajo realizado.

En el entorno laboral, las hojas de cálculo no suelen utilizarse únicamente como herramientas internas de cálculo, sino también como documentos que se imprimen, se comparten con otros usuarios o se presentan como apoyo a la toma de decisiones. Por ello, conocer y dominar las opciones de formato de Excel.

6.1 EL FORMATO DE CELDA COMO HERRAMIENTA DE PRESENTACIÓN

En Excel, el **formato de celda** permite definir cómo se muestran los datos contenidos en una celda, sin modificar su valor real. Esto significa que el formato afecta únicamente a la presentación visual de la información, no al dato interno con el que Excel realiza los cálculos.

El formato de celda se aplica siempre sobre una selección previa, que puede ser:

- Una celda individual.
- Un rango de celdas.
- Filas completas.
- Columnas completas.
- Toda la hoja de cálculo.

La correcta aplicación del formato permite diferenciar tipos de datos, destacar información relevante, organizar visualmente la hoja y facilitar su comprensión tanto en pantalla como en formato impreso.

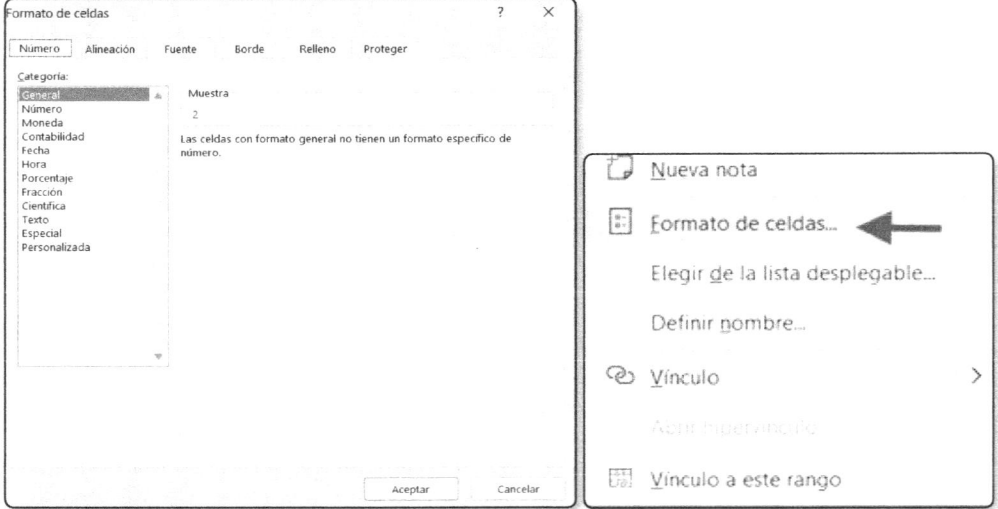

6.2   FORMATO DE NÚMERO

El **formato de número** es una de las opciones más importantes dentro del formato de celda, ya que determina cómo se muestran los valores numéricos, fechas y horas en la hoja de cálculo. Aunque dos celdas puedan contener el mismo valor interno, su apariencia puede ser completamente distinta en función del formato aplicado.

Excel incluye múltiples formatos numéricos predefinidos, adaptados a los usos más habituales en el entorno profesional.

6.2.1   Importancia del formato numérico

Aplicar correctamente el formato numérico permite:

▰ Mostrar los datos de forma clara y comprensible.

▰ Evitar interpretaciones erróneas.

▰ Adaptar la hoja a normas contables o administrativas.

▰ Preparar la información para su impresión o presentación.

Un error frecuente en usuarios principiantes es introducir símbolos manualmente (como el símbolo de moneda), en lugar de aplicar el formato adecuado. Esto puede provocar errores en cálculos y funciones posteriores.

6.2.2   Tipos de formato de número más habituales

Excel ofrece, entre otros, los siguientes formatos numéricos:

- General.
- Número.
- Moneda.
- Contabilidad.

- Fecha.
- Hora.
- Porcentaje.
- Fracción.

- Científico.
- Texto.

Cada uno de estos formatos está pensado para un tipo concreto de información y debe utilizarse de forma coherente con el contenido de la celda.

6.2.3   Formato de moneda y contabilidad

Los formatos de moneda y contabilidad se utilizan habitualmente en hojas relacionadas con presupuestos, facturación, control de gastos o análisis financiero. Estos formatos permiten:

- Mostrar el símbolo de la moneda.
- Alinear correctamente los importes.
- Mantener una presentación homogénea.

Es importante comprender que el valor interno sigue siendo numérico, aunque visualmente se muestre con símbolos y separadores.

6.2.4   Formato de fecha y hora

Las fechas y horas son valores numéricos especiales en Excel. Aplicar correctamente su formato permite mostrar:

- Fechas en distintos estilos.
- Horas con distintos niveles de precisión.
- Combinaciones de fecha y hora.

Un formato adecuado facilita el análisis temporal de los datos y evita errores de interpretación.

6.3   FORMATO DE ALINEACIÓN

El **formato de alineación** controla la posición del contenido dentro de la celda. Aunque pueda parecer un aspecto secundario, una correcta alineación mejora notablemente la legibilidad de la hoja de cálculo.

Excel permite modificar tanto la alineación horizontal como la vertical del contenido.

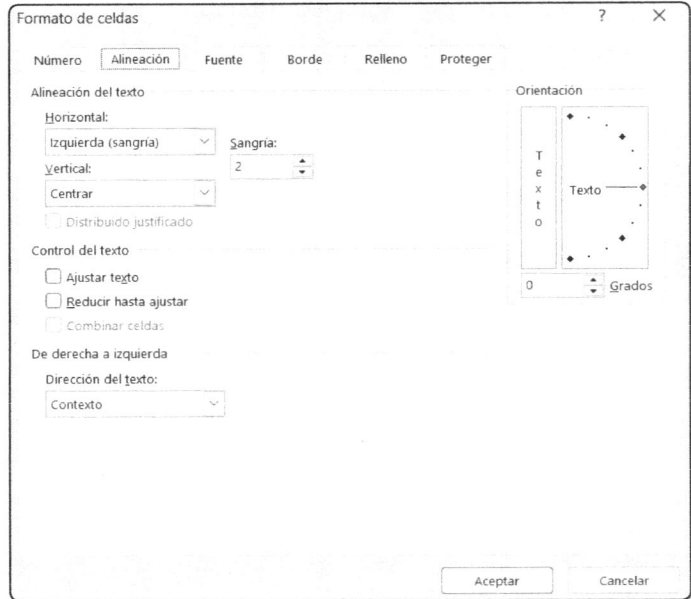

6.3.1   Alineación horizontal

La alineación horizontal define cómo se sitúa el contenido dentro de la celda de izquierda a derecha. Las opciones más habituales son:

- Alineación a la izquierda.
- Alineación centrada.
- Alineación a la derecha.
- Justificación.

De forma predeterminada, Excel alinea el texto a la izquierda y los números a la derecha, lo que facilita la identificación visual del tipo de dato.

6.3.2   Alineación vertical

La alineación vertical determina la posición del contenido dentro de la celda de arriba a abajo. Resulta especialmente útil cuando se trabaja con celdas de mayor altura.

6.3.3   Ajuste de texto y combinación de celdas

Excel permite:

- Ajustar el texto para que se muestre en varias líneas dentro de una celda.
- Combinar varias celdas en una sola para crear encabezados o títulos.

Estas opciones deben utilizarse con criterio, especialmente cuando se trabaja con datos que posteriormente se analizarán mediante fórmulas.

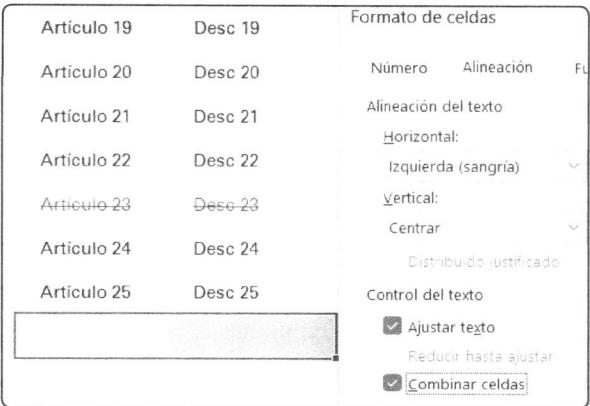

6.4 FORMATO DE FUENTE

El **formato de fuente** permite modificar la apariencia del texto contenido en las celdas. Aunque Excel no es un procesador de textos, ofrece suficientes opciones de formato para mejorar la claridad y jerarquía visual de la información.

6.4.1 Tipo y tamaño de fuente

Excel permite seleccionar distintos tipos y tamaños de letra. En el entorno profesional se recomienda:

- Utilizar fuentes claras y legibles.
- Mantener tamaños coherentes.
- Evitar el uso excesivo de estilos llamativos.

6.4.2 Estilos de fuente

Los estilos de fuente permiten resaltar información concreta mediante:

- Negrita.
- Cursiva.
- Subrayado.

Estos estilos se utilizan habitualmente para:

- Encabezados.
- Totales.
- Información relevante.

6.4.3 Color de fuente

El color de fuente permite destacar datos importantes, pero debe utilizarse con moderación para no dificultar la lectura.

6.5 BORDES DE CELDA

Los **bordes** permiten delimitar visualmente las celdas y rangos, facilitando la lectura de tablas y listados.

Aplicar bordes correctamente:

- ⚑ Mejora la organización visual.
- ⚑ Facilita la identificación de filas y columnas.
- ⚑ Aporta un aspecto profesional a la hoja.

Excel permite aplicar distintos tipos de bordes:

- ⚑ Bordes exteriores.
- ⚑ Bordes interiores.
- ⚑ Bordes personalizados.

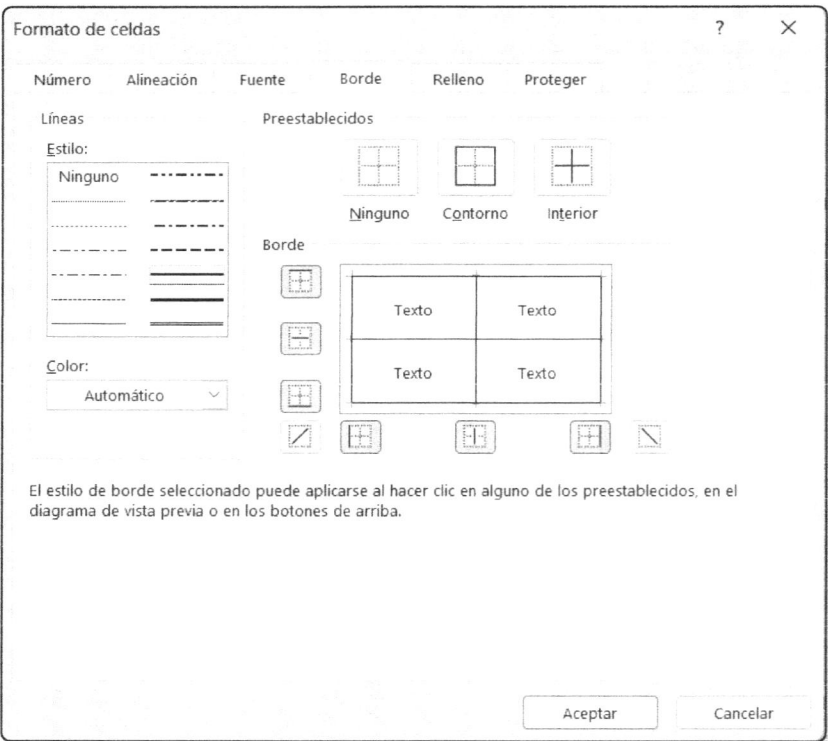

6.6   RELLENO DE CELDAS

El **relleno** permite aplicar colores de fondo a las celdas. Se utiliza para:

▼ Diferenciar encabezados.

▼ Destacar totales o resultados.

▼ Separar visualmente bloques de información.

El uso del relleno debe ser coherente y moderado, evitando combinaciones que dificulten la lectura.

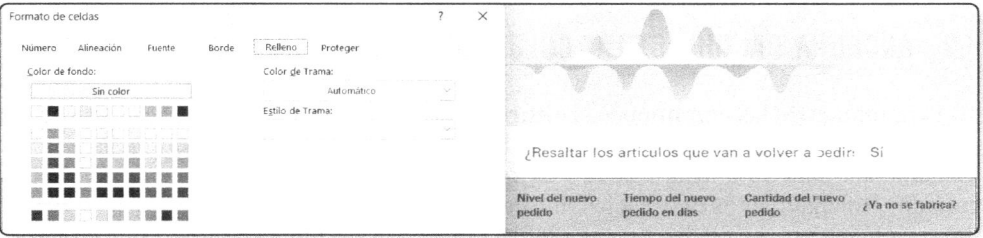

6.7   PROTECCIÓN DE CELDAS

La **protección** de celdas permite controlar qué partes de la hoja pueden modificarse. Esta opción es especialmente útil cuando:

▼ Se comparten hojas con otros usuarios.

▼ Se desea evitar modificaciones accidentales.

▼ Se protegen fórmulas o datos sensibles.

La protección se aplica a nivel de celda y se activa al proteger la hoja completa. Permite:

▼ Bloquear celdas.

▼ Permitir la edición solo en zonas concretas.

▼ Mantener la integridad de la información.

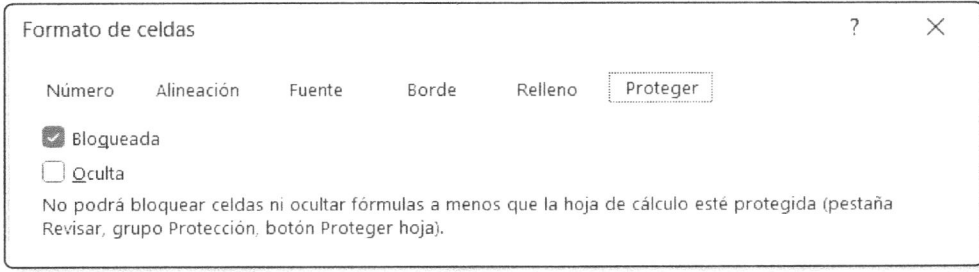

6.8   IMPORTANCIA DEL FORMATO EN EL ENTORNO PROFESIONAL

La modificación de la apariencia de una hoja de cálculo no es un aspecto meramente estético. Un buen formato:

- Facilita la comprensión de los datos.
- Reduce errores de interpretación.
- Mejora la comunicación de la información.
- Refuerza la profesionalidad del documento.

6.9   ANCHURA Y ALTURA DE LAS COLUMNAS Y FILAS

La **anchura de las columnas** y la **altura de las filas** determinan el espacio disponible para mostrar el contenido de las celdas. Un ajuste adecuado de estas dimensiones es fundamental para garantizar que la información se visualice correctamente, sin textos cortados, solapamientos ni espacios innecesarios.

En Excel, las columnas y filas tienen un tamaño predeterminado, pero este tamaño no siempre se adapta al contenido introducido. Por ello, es habitual modificar manualmente estas dimensiones para mejorar la legibilidad de la hoja de cálculo.

Ajustar correctamente la anchura y la altura permite:

- Mostrar completamente textos largos o valores extensos.
- Evitar que los datos aparezcan ocultos o truncados.
- Mejorar la presentación visual de la hoja.
- Preparar el documento para su impresión.

Excel permite modificar estas dimensiones de varias formas:

- Ajuste manual arrastrando el borde de la columna o fila.
- Ajuste automático al contenido.
- Definición de valores exactos desde las opciones del programa.

El **ajuste automático** resulta especialmente útil cuando se trabaja con grandes cantidades de datos, ya que adapta el tamaño de la columna o fila al contenido más largo, sin necesidad de calcular manualmente las dimensiones.

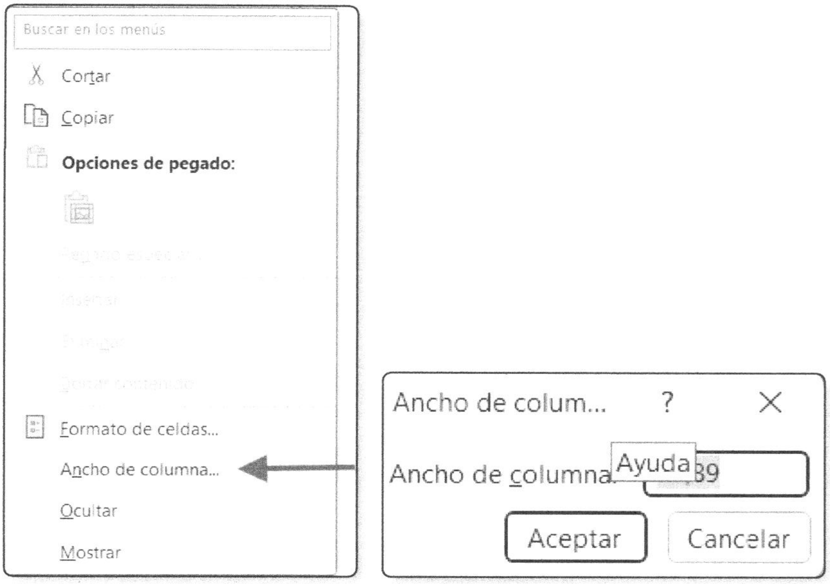

6.10 OCULTANDO Y MOSTRANDO COLUMNAS, FILAS U HOJAS DE CÁLCULO

En determinadas situaciones, no es necesario eliminar información, sino simplemente **ocultarla temporalmente** para facilitar la visualización de los datos más relevantes. Excel permite ocultar y mostrar columnas, filas y hojas de cálculo completas sin perder la información contenida en ellas.

Ocultar elementos resulta especialmente útil cuando:

- Se trabaja con hojas muy extensas.
- Existen datos auxiliares que no deben mostrarse.
- Se desea centrar la atención en una parte concreta de la hoja.
- Se preparan documentos para presentación o impresión.

Cuando una columna o fila está oculta:

- Sus datos no se eliminan.
- No se muestran en pantalla.
- Siguen siendo utilizados por fórmulas y cálculos.

La posibilidad de **mostrar nuevamente** los elementos ocultos permite recuperar la información en cualquier momento, lo que convierte esta herramienta en una opción segura y flexible.

Del mismo modo, Excel permite ocultar hojas completas dentro de un libro, lo que facilita la organización de documentos complejos y evita modificaciones accidentales en hojas auxiliares.

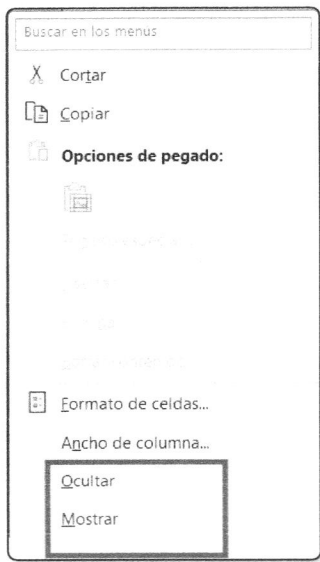

6.11   FORMATO DE LA HOJA DE CÁLCULO

Además del formato aplicado a celdas individuales o rangos, Excel permite aplicar **formatos a nivel de hoja**, afectando a su estructura general y a su presentación global.

El formato de la hoja incluye aspectos como:

- Configuración visual general.
- Organización de los datos.
- Identificación clara del contenido.
- Preparación del documento para su impresión o distribución.

Una hoja de cálculo correctamente formateada a nivel global:

- Facilita la navegación del usuario.
- Mejora la coherencia visual del documento.
- Reduce errores de interpretación.
- Transmite una imagen profesional.

Este tipo de formato es especialmente relevante cuando la hoja va a ser utilizada por otras personas o compartida en un entorno laboral.

6.12   CAMBIO DE NOMBRE DE UNA HOJA DE CÁLCULO

Cada hoja de cálculo dentro de un libro tiene un nombre que permite identificar su contenido. Por defecto, Excel asigna nombres genéricos, pero estos nombres no resultan descriptivos en documentos profesionales.

Cambiar el nombre de una hoja permite:

- Identificar rápidamente el contenido.
- Organizar mejor la información.
- Facilitar la navegación entre hojas.
- Mejorar la comprensión del libro por parte de otros usuarios.

Es una buena práctica profesional asignar nombres claros y coherentes a las hojas, especialmente en libros que contienen múltiples hojas relacionadas entre sí.

El nombre de una hoja debe ser:

- Breve.
- Descriptivo.
- Coherente con el contenido.
- Fácil de entender.

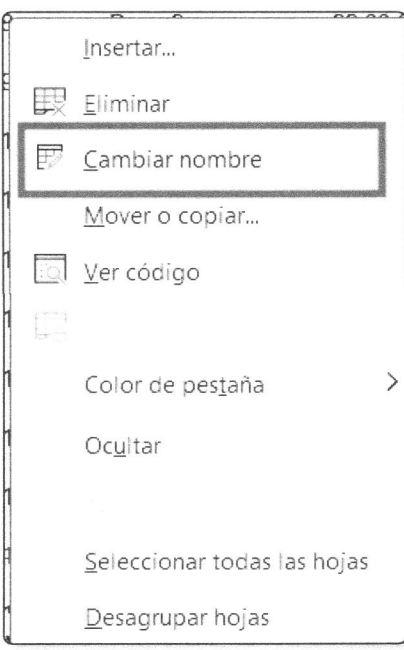

6.13   FORMATOS CONDICIONALES

El **formato condicional** es una de las herramientas más potentes de Excel para mejorar la interpretación visual de los datos. Se encuentra en el menú de inicio y permite aplicar formatos automáticamente a las celdas en función de su contenido o del cumplimiento de determinadas condiciones.

El formato condicional se utiliza para:

- Destacar valores altos o bajos.
- Identificar errores o datos fuera de rango.
- Resaltar resultados relevantes.
- Facilitar el análisis visual de la información.

A diferencia del formato tradicional, el formato condicional se aplica de forma dinámica. Esto significa que el formato cambia automáticamente cuando cambian los datos, lo que resulta especialmente útil en hojas de cálculo que se actualizan con frecuencia.

Excel ofrece distintos tipos de formatos condicionales, como:

- Reglas de resaltado de celdas.
- Barras de datos.
- Escalas de color.
- Conjuntos de iconos.

El uso adecuado del formato condicional permite analizar grandes volúmenes de datos de un solo vistazo, sin necesidad de revisar cada valor individualmente.

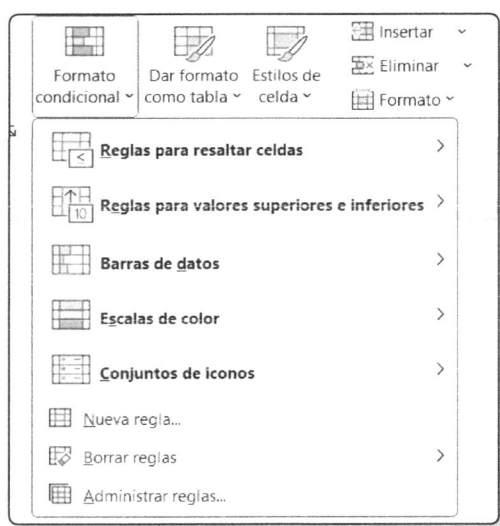

6.14   AUTOFORMATOS O ESTILOS PREDEFINIDOS

Excel incluye **estilos predefinidos**, también conocidos como autoformatos, que permiten aplicar rápidamente un conjunto coherente de formatos a celdas, rangos o tablas.

Estos estilos combinan distintos elementos de formato, como:

▼ Tipo y tamaño de fuente.   ▼ Bordes.

▼ Colores.   ▼ Rellenos.

El uso de estilos predefinidos permite:

▼ Ahorrar tiempo en el formato.

▼ Mantener una apariencia homogénea.

▼ Evitar combinaciones de formato poco coherentes.

▼ Aplicar cambios globales de forma rápida.

Los estilos pueden utilizarse tal como vienen definidos en Excel o pueden personalizarse para adaptarse a las necesidades del usuario o de la organización.

En el entorno profesional, el uso de estilos favorece la estandarización de documentos y mejora la coherencia visual entre distintas hojas y libros.

ACTIVIDADES

Actividad 1. Ajuste de anchura y altura de columnas y filas

El lector trabajará con una hoja que contiene textos y números de distinta longitud y ajustará las dimensiones de columnas y filas para que toda la información sea visible correctamente.

Pasos a realizar:

1. Abrir un libro de Excel con una hoja que contenga datos variados.

2. Observar qué columnas presentan contenido cortado o parcialmente visible.

3. Ajustar manualmente la anchura de una columna arrastrando su borde.

4. Aplicar el ajuste automático de anchura a otra columna.

5. Modificar la altura de una fila para adaptarla a su contenido.

6. Comprobar que todos los datos se visualizan correctamente.

Actividad 2. Ocultación y visualización de columnas, filas y hojas

El lector ocultará temporalmente información auxiliar de una hoja de cálculo y la volverá a mostrar posteriormente.

Pasos a realizar:

1. Seleccionar una o varias columnas con datos secundarios.

2. Ocultar las columnas seleccionadas.

3. Comprobar que los datos no se muestran en pantalla.

4. Volver a mostrar las columnas ocultas.

5. Repetir el proceso ocultando una fila.

6. Ocultar una hoja completa del libro y volver a mostrarla.

7

FÓRMULAS EN MICROSOFT EXCEL

Las **fórmulas** constituyen uno de los elementos más potentes y característicos de Microsoft Excel. Son el mecanismo que permite transformar una hoja de cálculo en una herramienta dinámica capaz de realizar cálculos automáticos, analizar datos y generar resultados que se actualizan de forma inmediata cuando cambian los valores de origen.

7.1   CONCEPTO DE FÓRMULA EN EXCEL

Una **fórmula** es una expresión que permite realizar cálculos a partir de los datos contenidos en una o varias celdas. A diferencia de un valor introducido manualmente, el resultado de una fórmula se calcula automáticamente y se actualiza cada vez que cambian los datos de los que depende.

Toda fórmula en Excel:

▶ Comienza siempre con el signo igual (=).
▶ Puede incluir valores numéricos, referencias a celdas, operadores y funciones.
▶ Devuelve un resultado que se muestra en la celda donde se introduce.

El uso de fórmulas permite automatizar cálculos, reducir errores humanos y trabajar de forma más eficiente con grandes volúmenes de información.

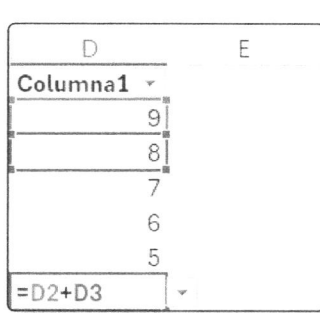

7.2 IMPORTANCIA DE LAS FÓRMULAS EN EL ENTORNO PROFESIONAL

Las fórmulas son esenciales porque permiten:

- Evitar cálculos manuales repetitivos.
- Garantizar la coherencia de los resultados.
- Actualizar automáticamente la información.
- Facilitar el análisis de datos.
- Mejorar la productividad y la fiabilidad del trabajo.

En un contexto profesional, una hoja de cálculo sin fórmulas pierde gran parte de su utilidad. Por el contrario, una hoja bien diseñada con fórmulas adecuadas se convierte en una herramienta de apoyo fundamental para la toma de decisiones.

7.3 OPERADORES EN EXCEL

Los **operadores** son los símbolos que indican a Excel qué tipo de operación debe realizar dentro de una fórmula. Excel utiliza distintos tipos de operadores, siendo los más habituales los operadores aritméticos.

7.3.1 Operadores aritméticos

Los operadores aritméticos permiten realizar operaciones matemáticas básicas. Los más utilizados son:

- Suma.
- Resta.
- Multiplicación.
- División.
- Potenciación.

Estos operadores se utilizan tanto con valores numéricos directos como con referencias a celdas.

Por ejemplo, una fórmula puede sumar los valores contenidos en dos celdas o multiplicar un valor por otro almacenado en otra parte de la hoja.

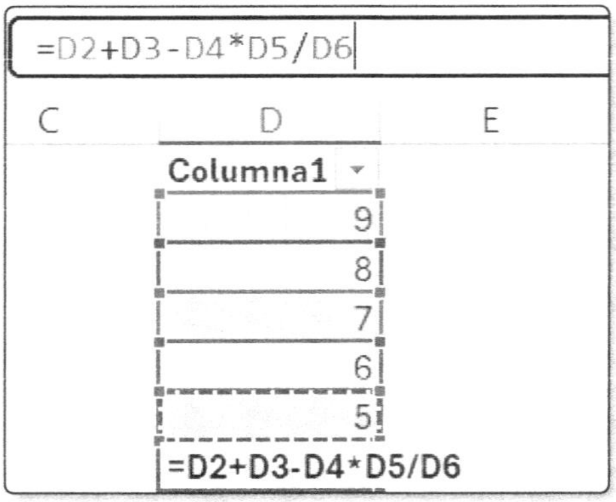

7.3.2 Uso combinado de operadores

En muchas fórmulas se utilizan varios operadores al mismo tiempo. En estos casos, Excel aplica unas reglas internas para determinar el orden en el que se realizan las operaciones. Comprender estas reglas es fundamental para obtener resultados correctos.

7.4 PRIORIDAD DE LOS OPERADORES

La **prioridad de los operadores** determina el orden en el que Excel realiza las operaciones dentro de una fórmula. Este orden no depende de la posición de los operadores, sino de una jerarquía predefinida.

De forma general:

▼ Las operaciones de potenciación se realizan antes que el resto.

▼ La multiplicación y la división se realizan antes que la suma y la resta.

▼ Las operaciones situadas entre paréntesis se realizan en primer lugar.

Este comportamiento es similar al de las matemáticas tradicionales y debe tenerse siempre en cuenta al escribir fórmulas.

7.4.1 Uso de paréntesis en las fórmulas

Los **paréntesis** permiten modificar el orden natural de las operaciones, indicando a Excel qué cálculo debe realizar primero. Su uso es fundamental para:

▼ Asegurar resultados correctos.

▼ Evitar errores de interpretación.

▼ Hacer más comprensible la fórmula.

Utilizar paréntesis correctamente es una buena práctica que mejora la claridad y fiabilidad de las fórmulas.

=(D2+D3)*-D4		
C	D	E
	Columna1 ▾	
	9	
	8	
	7	
	6	
	5	
	-119 ▾	

=D2+D3*-D4		
C	D	E
	Columna1 ▾	
	9	
	8	
	7	
	6	
	5	
	-47 ▾	

7.5 ESCRITURA DE FÓRMULAS EN EXCEL

La **escritura de fórmulas** es un proceso que combina la introducción manual de operadores con la selección de celdas que contienen los datos. Excel facilita este proceso mediante ayudas visuales que reducen los errores.

Al escribir una fórmula:

- ▸ Se introduce el signo igual.
- ▸ Se seleccionan las celdas que contienen los valores.
- ▸ Se utilizan los operadores adecuados.
- ▸ Se confirma la fórmula para obtener el resultado.

Excel muestra referencias de celdas de distintos colores durante la escritura, lo que ayuda a identificar qué valores intervienen en el cálculo.

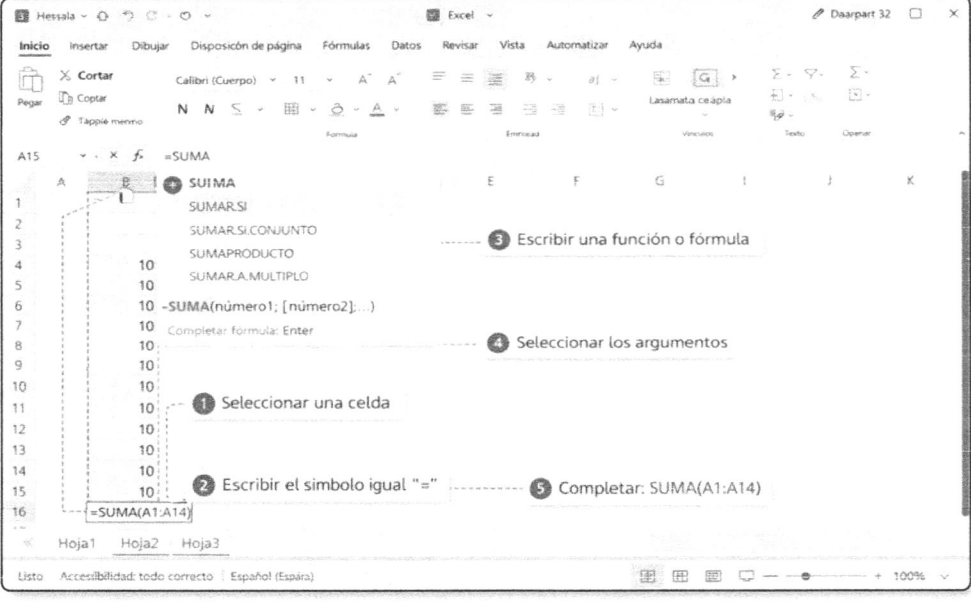

7.5.1 Uso de referencias en las fórmulas

En lugar de escribir valores numéricos directamente, es recomendable utilizar referencias a celdas. Esto permite que la fórmula se actualice automáticamente cuando cambian los datos.

Esta práctica es esencial para:

- ▸ Mantener la coherencia de los cálculos.
- ▸ Evitar modificaciones manuales constantes.
- ▸ Facilitar el mantenimiento de la hoja de cálculo.

7.6 COPIA DE FÓRMULAS

Una de las grandes ventajas de Excel es la posibilidad de **copiar fórmulas** de una celda a otra. Al copiar una fórmula, Excel ajusta automáticamente las referencias de las celdas en función de la nueva ubicación.

La copia de fórmulas permite:

▸ Aplicar el mismo cálculo a múltiples filas o columnas.

▸ Ahorrar tiempo en la introducción de fórmulas repetitivas.

▸ Mantener una estructura coherente en la hoja de cálculo.

La copia se realiza habitualmente mediante el controlador de relleno, aunque también puede hacerse mediante opciones de copiar y pegar.

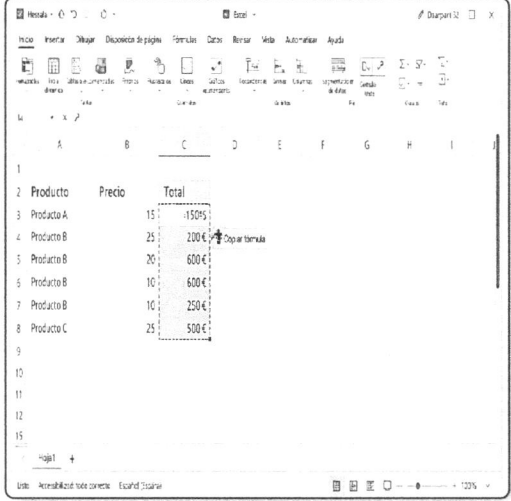

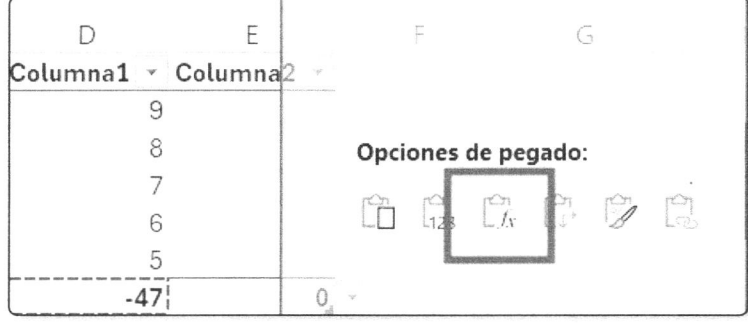

7.7   REFERENCIAS RELATIVAS

Las **referencias relativas** son el tipo de referencia que Excel utiliza por defecto al crear una fórmula. Estas referencias se ajustan automáticamente cuando la fórmula se copia a otra celda.

Por ejemplo, si una fórmula hace referencia a una celda situada una columna a la izquierda, al copiarla a otra posición, Excel mantiene esa relación relativa.

Las referencias relativas son ideales cuando:

▶ Se realizan cálculos repetitivos.

▶ Se trabaja con tablas de datos.

▶ Se desea aplicar la misma fórmula a varias filas o columnas.

7.8   REFERENCIAS ABSOLUTAS

Las **referencias absolutas** permiten fijar una celda concreta dentro de una fórmula, de forma que no cambie al copiarla a otra posición. Esto se consigue utilizando un símbolo específico que bloquea la referencia.

Las referencias absolutas son especialmente útiles cuando:

▶ Se utiliza un valor constante en varios cálculos.

▶ Se trabaja con porcentajes, impuestos o coeficientes fijos.

▶ Se desea que una celda actúe como referencia común.

El uso correcto de referencias absolutas evita errores en los cálculos al copiar fórmulas.

7.9   REFERENCIAS MIXTAS

Las **referencias mixtas** combinan características de las referencias relativas y absolutas. Permiten fijar solo la fila o solo la columna, manteniendo la otra parte variable.

Este tipo de referencia se utiliza en situaciones más avanzadas, como:

▶ Tablas de doble entrada.

▶ Cálculos matriciales.

▶ Distribución de valores en filas y columnas.

Comprender las referencias mixtas es clave para trabajar con hojas de cálculo más complejas y flexibles.

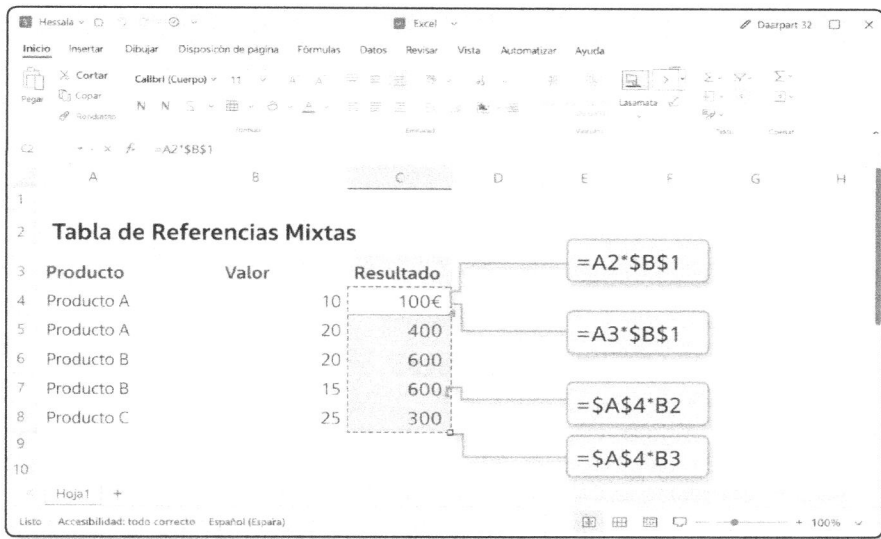

7.10   IMPORTANCIA DEL USO CORRECTO DE REFERENCIAS EN LAS FÓRMULAS

El comportamiento de las referencias es uno de los aspectos que más confusión genera en usuarios principiantes. Sin embargo, una vez comprendido, se convierte en una de las herramientas más potentes de Excel.

El uso correcto de referencias relativas, absolutas y mixtas permite:

▶ Diseñar hojas de cálculo eficientes.

▶ Reducir errores en los cálculos.

▶ Facilitar la reutilización de fórmulas.

▶ Mejorar la escalabilidad de los documentos.

7.11   RECOMENDACIONES EN EL USO DE FÓRMULAS

Algunas recomendaciones fundamentales al trabajar con fórmulas en Excel son:

▶ Utilizar referencias en lugar de valores fijos.

▶ Emplear paréntesis para clarificar los cálculos.

▶ Comprobar siempre los resultados.

▶ Probar las fórmulas con distintos valores.

▶ Mantener una estructura clara y coherente.

▶ Estas recomendaciones contribuyen a la creación de hojas de cálculo fiables, comprensibles y profesionales.

7.12   LAS FÓRMULAS COMO BASE DEL USO AVANZADO DE EXCEL

Las fórmulas constituyen la base sobre la que se construyen funcionalidades más avanzadas de Excel, como:

- El uso intensivo de funciones.
- El análisis de datos.
- La creación de gráficos dinámicos.
- La automatización mediante macros.

7.13   REFERENCIAS EXTERNAS Y VÍNCULOS

Hasta ahora, las fórmulas vistas trabajan con datos situados dentro de la misma hoja o del mismo libro de Excel. Sin embargo, en el entorno profesional es muy habitual que la información esté repartida en **varios libros de Excel distintos**. Para dar respuesta a esta necesidad, Excel permite trabajar con **referencias externas** y **vínculos entre libros**.

Una **referencia externa** es una referencia que apunta a una celda o rango situado en otro libro distinto del que contiene la fórmula. De este modo, una hoja de cálculo puede utilizar datos almacenados en otros archivos sin necesidad de duplicarlos.

El uso de referencias externas permite:

- Centralizar la información en un único archivo.
- Evitar duplicidades de datos.
- Mantener coherencia entre documentos relacionados.
- Actualizar automáticamente los resultados cuando cambian los datos de origen.

Este tipo de referencias es muy habitual en entornos administrativos, contables o de gestión, donde distintos libros pueden depender unos de otros.

7.13.1   Funcionamiento de las referencias externas

Cuando una fórmula utiliza una referencia externa, Excel identifica:

- El nombre del libro de origen.
- La hoja de cálculo donde se encuentra el dato.
- La celda o rango referenciado.

Si el libro de origen está abierto, Excel puede acceder directamente a los datos. Si está cerrado, Excel utiliza la última información guardada en ese archivo. En ambos casos, la referencia externa sigue funcionando, aunque el comportamiento puede variar según la configuración del usuario.

Es importante comprender que las referencias externas crean una **dependencia entre archivos,** por lo que deben utilizarse con criterio y buena organización.

7.13.2 Vínculos entre libros de Excel

Los **vínculos** son conexiones que se establecen entre libros cuando uno de ellos utiliza datos del otro. Excel gestiona estos vínculos de forma automática, pero el usuario debe ser consciente de su existencia.

Los vínculos permiten:

- Actualizar automáticamente los datos.
- Mantener la coherencia entre informes.
- Detectar cambios en la información de origen.

No obstante, un uso excesivo o desorganizado de vínculos puede dificultar el mantenimiento de los archivos, especialmente si se cambian las ubicaciones o los nombres de los libros.

7.14 RESOLUCIÓN DE ERRORES EN LAS FÓRMULAS

Cuando se trabaja con fórmulas, es normal que aparezcan **errores**, especialmente durante el aprendizaje o al modificar hojas de cálculo complejas. Excel incluye mecanismos para detectar estos errores y ayudar al usuario a identificarlos y corregirlos.

Un error en una fórmula puede deberse a:

- Una referencia incorrecta.
- Un operador mal utilizado.
- Datos inexistentes o no válidos.
- Problemas con rangos o vínculos externos.

Comprender cómo identificar y resolver errores es una competencia clave para trabajar con Excel de forma eficaz y segura.

7.15   TIPOS DE ERRORES MÁS HABITUALES EN EXCEL

Excel muestra los errores mediante **mensajes específicos**, que permiten identificar el tipo de problema detectado. Conocer estos mensajes es fundamental para interpretar correctamente el origen del error.

7.15.1   Error por división entre cero

Este error aparece cuando una fórmula intenta dividir un valor entre cero o entre una celda vacía. Es uno de los errores más comunes y suele producirse cuando faltan datos.

Para evitarlo, es habitual comprobar previamente si la celda contiene un valor válido antes de realizar la operación.

7.15.2   Error por referencia no válida

Este error se produce cuando una fórmula hace referencia a una celda que no existe, por ejemplo, porque ha sido eliminada o desplazada. Es frecuente al borrar filas o columnas que estaban siendo utilizadas por una fórmula.

7.15.3   Error por nombre no reconocido

Este error aparece cuando Excel no reconoce un nombre utilizado en la fórmula. Puede deberse a:

- Un error tipográfico.
- El uso de un nombre de rango inexistente.
- Una función escrita incorrectamente.

7.15.4   Error por valor no válido

Este error se produce cuando se utilizan datos no compatibles con la operación solicitada, como intentar realizar una operación matemática con texto.

7.15.5   Error por falta de datos

Este error aparece cuando una fórmula depende de información que aún no ha sido introducida o está incompleta.

7.16   INTERPRETACIÓN CORRECTA DE LOS ERRORES

Es importante entender que un error no significa que Excel esté funcionando mal, sino que **la fórmula contiene un problema** que debe corregirse. Los mensajes de error están diseñados para orientar al usuario sobre la naturaleza del problema.

Adoptar una actitud analítica ante los errores permite:

▼ Detectar fallos en los datos.

▼ Mejorar el diseño de las fórmulas.

▼ Aumentar la fiabilidad de la hoja de cálculo.

7.17   HERRAMIENTAS DE AYUDA EN LA RESOLUCIÓN DE ERRORES

Excel incorpora varias **herramientas de ayuda** que facilitan la detección y corrección de errores en las fórmulas.

7.17.1   Indicadores visuales de error

Cuando Excel detecta un error, muestra un pequeño indicador visual en la celda afectada. Este indicador permite acceder a opciones de ayuda y sugerencias de corrección.

Estas indicaciones ayudan especialmente a usuarios principiantes a comprender qué está ocurriendo en la fórmula.

7.17.2   Comprobación de errores

Excel dispone de una herramienta específica para **comprobar errores**, que analiza las fórmulas de la hoja y guía al usuario paso a paso para corregir los problemas detectados.

Esta herramienta permite:

▼ Revisar errores uno a uno.

▼ Obtener explicaciones sobre cada error.

▼ Aceptar o corregir las sugerencias propuestas.

7.17.3   Evaluación de fórmulas

La **evaluación de fórmulas** es una herramienta avanzada que permite analizar una fórmula paso a paso, mostrando cómo Excel calcula cada parte del resultado. Es especialmente útil para:

▼ Entender fórmulas complejas.

▼ Localizar el punto exacto donde se produce el error.

▼ Aprender cómo Excel interpreta las referencias y operadores.

Microsoft Excel   ✕

Hay un problema con esta fórmula.

¿No intenta introducir una fórmula?
Cuando el primer carácter es un signo igual (=) o un signo menos (-), Excel piensa que se trata de una fórmula:

• si escribe: =1+1, la celda muestra: 2

Para evitarlo, escriba un apóstrofo (') primero:

• si escribe: '=1+1, la celda muestra: =1+1

Aceptar   Ayuda

Microsoft Excel   ✕

Hemos encontrado un error de escritura en la fórmula y hemos intentado corregirla a:

=A7/A7:B7

¿Desea aceptar la corrección?

Sí   No

7.17.4 Uso de referencias correctas y comprobación previa

Además de las herramientas automáticas, una buena práctica consiste en:

▰ Revisar cuidadosamente las referencias.

▰ Comprobar los datos antes de realizar cálculos.

▰ Probar las fórmulas con valores sencillos.

▰ Utilizar paréntesis para clarificar las operaciones.

Estas prácticas reducen considerablemente la aparición de errores y facilitan su resolución cuando se producen.

ACTIVIDADES
....

Actividad 1. Copia de fórmulas con referencias relativas

Crea una columna de valores y escribe una **fórmula básica** (suma, resta, multiplicación o división). Copia la fórmula hacia abajo y comprueba cómo **cambian las referencias** automáticamente.

Actividad 2. Referencias absolutas y mixtas

Introduce un **valor fijo** (por ejemplo, un porcentaje) y calcula resultados para varios datos usando una **referencia absoluta**. Copia la fórmula y modifica el valor fijo para verificar la actualización. Prueba después una **referencia mixta** en una tabla sencilla.

8

FUNCIONES EN MICROSOFT EXCEL

Las funciones son uno de los recursos más valiosos de Microsoft Excel y constituyen el verdadero salto entre un uso básico de la hoja de cálculo y un uso profesional orientado a la automatización de cálculos y al análisis de datos. En Excel, los datos pueden introducirse manualmente y también pueden combinarse mediante fórmulas con operadores, pero las funciones permiten ir mucho más allá: proporcionan operaciones ya diseñadas, comprobadas y optimizadas para resolver tareas habituales sin necesidad de construir cálculos complejos desde cero.

En un entorno laboral real, Excel se utiliza para organizar listados, calcular importes, presupuestar, evaluar resultados, consolidar información de diferentes registros y generar informes. En estas tareas, las funciones aparecen constantemente: sumar un rango de importes, calcular el promedio de ventas, localizar el valor máximo, contar datos registrados, redondear resultados o realizar cálculos encadenados. El uso adecuado de las funciones reduce errores, ahorra tiempo y hace que las hojas de cálculo sean más fiables y fáciles de comprender por cualquier persona que las revise.

8.1 CONCEPTO DE FUNCIÓN EN EXCEL

Una función es una fórmula predefinida que realiza un cálculo específico siguiendo unas reglas internas ya establecidas por Excel. Dicho de forma sencilla, una función es como una "herramienta" que ya viene preparada: el usuario solo tiene que indicarle qué datos quiere que use y Excel devuelve el resultado.

Toda función en Excel cumple estas características generales:

- ⚑ Comienza con el signo igual (=), como cualquier fórmula.
- ⚑ Tiene un nombre (por ejemplo, SUMA, PROMEDIO, MAX, MIN, REDONDEAR).
- ⚑ Incluye paréntesis, dentro de los cuales se escriben los argumentos.
- ⚑ Devuelve un resultado en la celda en la que se introduce la función.

El lector debe comprender que una función no "muestra" el cálculo paso a paso como lo haría una operación escrita manualmente, sino que ejecuta internamente una serie de operaciones. Por ejemplo, una función de promedio calcula la suma de los valores y la divide por la cantidad de elementos, pero el usuario no necesita escribir ese procedimiento: Excel lo hace de forma automática.

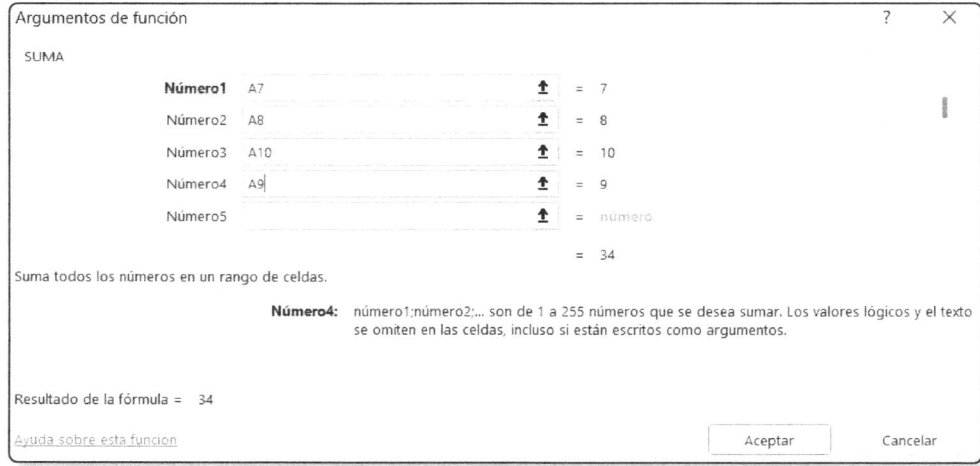

8.2 DIFERENCIA ENTRE FÓRMULA Y FUNCIÓN

Aunque ambos conceptos están relacionados, conviene diferenciarlos con claridad, porque en formación básica suele haber confusión.

Una fórmula es una expresión construida por el usuario combinando:

▰ Operadores (suma, resta, multiplicación, división, etc.).

▰ Referencias a celdas.

▰ Valores numéricos.

▰ Paréntesis.

▰ En ocasiones, funciones dentro de la fórmula.

Una función es una fórmula ya definida por Excel con un nombre y una estructura fija. Por ejemplo, si queremos sumar diez celdas, podríamos escribir una fórmula larga sumándolas una por una, o podríamos usar una función de suma aplicada a un rango. El resultado será el mismo, pero el uso de la función es más rápido, más claro y reduce los errores.

En el entorno profesional se prioriza el uso de funciones siempre que sea posible, porque:

▰ Mejoran la legibilidad del archivo.

▰ Facilitan su mantenimiento.

▰ Son más robustas frente a cambios.

▰ Permiten un trabajo más eficiente.

8.3   ¿POR QUÉ EXCEL INCORPORA TANTAS FUNCIONES?

Excel incluye centenares de funciones porque las necesidades de cálculo en el trabajo real son muy diversas. No todas las hojas de cálculo sirven para lo mismo: algunas se orientan a finanzas, otras a estadísticas, otras a inventario, otras a gestión de personal. Por eso Excel organiza las funciones por categorías, permitiendo que el usuario localice rápidamente las que necesita.

Entre las categorías más utilizadas en niveles básicos e intermedios destacan:

▰ Matemáticas y trigonométricas.

▰ Estadísticas.

▰ Lógicas.

▰ Texto.

▰ Fecha y hora.

En este punto del temario se enfatiza especialmente el uso de funciones matemáticas y las reglas básicas de empleo, ya que constituyen la base para avanzar hacia otros tipos de funciones y hacia herramientas más avanzadas como tablas dinámicas o análisis de datos.

8.4 REGLAS PARA UTILIZAR FUNCIONES PREDEFINIDAS

Para que una función funcione correctamente, Excel exige seguir una sintaxis. Aunque Excel ofrece ayudas y sugerencias, los errores más comunes se producen cuando el usuario no respeta una regla básica. Estas reglas deben aprenderse de forma explícita y practicarse con ejemplos.

Regla 1. Toda función comienza con el signo igual (=). Si no se escribe el signo igual, Excel interpretará el texto como contenido literal o como dato, y no realizará ningún cálculo.

Regla 2. El nombre de la función debe escribirse correctamente. Si se escribe mal, Excel devolverá un error porque no reconoce el nombre.

Regla 3. Los argumentos van entre paréntesis. Si faltan los paréntesis, Excel no puede interpretar la función.

Regla 4. Los argumentos deben separarse con el separador correspondiente. En muchas configuraciones en español, el separador de argumentos es el punto y coma (;) en lugar de la coma. Esto depende de la configuración regional, por lo que es importante que los lectores identifiquen el separador utilizado en su Excel.

Regla 5. Hay funciones con argumentos obligatorios y otros opcionales. Si no se incluye un argumento obligatorio, la función no se podrá calcular.

Regla 6. Las funciones aceptan referencias a celdas y rangos. Es preferible referirse a celdas en lugar de escribir números fijos, porque permite que los resultados se actualicen cuando cambian los datos.

Regla 7. Las funciones pueden anidarse, es decir, una función puede incluir otra dentro de sus argumentos. Aunque esto es un contenido más avanzado, conviene mencionarlo para que El lector comprenda por qué a veces ve fórmulas con varias funciones.

8.5 ARGUMENTOS: QUÉ SON Y CÓMO SE INTRODUCEN

Los argumentos son los "datos de entrada" que una función necesita para calcular un resultado. Por ejemplo:

- Una función SUMA necesita saber qué valores debe sumar.
- Una función PROMEDIO necesita saber qué valores debe promediar.
- Una función REDONDEAR necesita el número que se va a redondear y el número de decimales.

Los argumentos pueden escribirse de varias formas:

- Como números directos (por ejemplo, 10 o 3,5).
- Como referencias a celdas (por ejemplo, A1).
- Como rangos (por ejemplo, A1:A10).
- Como combinación de referencias y números.

Se recomienda insistir en que usar referencias y rangos es más profesional que escribir números directos, porque permite que la hoja sea dinámica y reutilizable.

Ejemplo conceptual

Si calculo el IVA de varios importes y el IVA cambia, es mucho más eficiente tener el porcentaje en una celda y referenciarlo, que modificar todas las fórmulas una por una.

8.6 FUNCIONES MATEMÁTICAS PREDEFINIDAS MÁS USADAS EN ENTORNOS PROFESIONALES

En la práctica cotidiana, no se utilizan todas las funciones de Excel. En niveles básicos e intermedios, el lector debe dominar un conjunto de funciones esenciales porque aparecen en casi cualquier contexto de trabajo.

8.6.1 SUMA

La función SUMA permite sumar valores de uno o varios rangos. Es una función imprescindible para obtener totales.

Aplicaciones frecuentes:

- Total de ventas.
- Total de gastos.
- Total de horas trabajadas.
- Total de unidades vendidas.

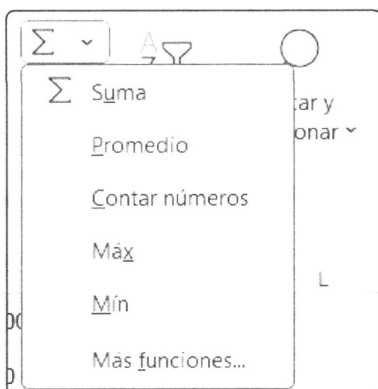

8.6.2 PROMEDIO

La función PROMEDIO calcula la media de un conjunto de valores.

Aplicaciones frecuentes:

▸ Promedio de ventas diarias.

▸ Promedio de calificaciones.

▸ Promedio de gastos mensuales.

▸ Promedio de tiempos o rendimientos.

Aspectos importantes:

▸ Si hay celdas vacías, Excel no las cuenta como cero, sino que las ignora.

▸ Si hay texto en el rango, también lo ignora.

▸ Es útil explicar que el promedio no siempre representa bien la realidad si hay valores extremos; esto ayuda a comprender la función, aunque el análisis estadístico no sea el objetivo principal.

8.6.3   MAX y MIN

MAX devuelve el mayor valor de un rango, y MIN el menor.

Aplicaciones frecuentes:

▸ Mayor venta del mes.

▸ Menor gasto de una serie.

▸ Mejor resultado de producción.

▸ Detección de valores extremos.

8.6.4   CONTAR y CONTARA

Aunque el temario menciona funciones matemáticas, en la práctica es muy útil introducir estas funciones de conteo, porque se usan con frecuencia en tareas de control.

CONTAR cuenta celdas con números.
CONTARA cuenta celdas no vacías (incluye texto).

Aplicaciones:

▸ Saber cuántos registros numéricos hay.

▸ Ver cuántas celdas tienen algún dato.

▸ Control de listas incompletas.

8.6.5   REDONDEAR, REDONDEAR.MAS, REDONDEAR.MENOS

Estas funciones ajustan resultados a un número determinado de decimales.

Aplicaciones frecuentes:

▸ Importes económicos que deben presentarse con 2 decimales.

▸ Cálculo de porcentajes.

▸ Evitar diferencias por decimales en sumas o informes.

8.6.6 ENTERO y TRUNCAR

ENTERO devuelve la parte entera de un número (redondeando hacia abajo). TRUNCAR elimina decimales sin redondear.

Aplicaciones:

- Trabajar con unidades completas.
- Control de cantidades cuando no se admiten fracciones.
- Separación de parte decimal e integral.

8.7 REGLAS Y RECOMENDACIONES PARA USAR FUNCIONES DE FORMA SEGURA

Para trabajar con funciones de manera profesional, conviene inculcar hábitos:

Usar rangos bien definidos. Si el rango se queda corto, el resultado será incorrecto. Si el rango incluye celdas que no corresponden, también.

Evitar mezclar datos y totales en el mismo rango. Un error común es incluir la celda del total dentro del rango de suma, generando un "total que se suma a sí mismo". Esto provoca resultados erróneos y es muy típico en principiantes.

Colocar totales fuera del rango de cálculo y etiquetar claramente. La etiqueta evita confusiones y mejora la comprensión.

Revisar resultados con lógica. Excel puede calcular "bien" una función pero el rango puede ser erróneo. Por ello, hay que promover la comprobación crítica: si el resultado no tiene sentido, hay que revisar.

8.8 UTILIZACIÓN DE LAS FUNCIONES MÁS USUALES: CASOS PRÁCTICOS CONCEPTUALES

En un manual SEPE es recomendable explicar el contexto de uso. Sin convertir esto en un listado infinito de ejercicios, se pueden introducir "situaciones tipo" que conecten con el mundo laboral.

Caso 1. Control de gastos.

- Una columna con importes diarios.
- SUMA para total mensual.
- PROMEDIO para gasto medio diario.
- MAX para identificar el día con mayor gasto.
- MIN para el día con menor gasto.

Caso 2. Registro de ventas.

⚐ Un listado de ventas por producto.

⚐ SUMA para total de ventas.

⚐ MAX para venta mayor.

⚐ CONTAR para número de ventas registradas si son numéricas.

Caso 3. Producción o inventario.

⚐ Unidades producidas por turno.

⚐ PROMEDIO para rendimiento medio.

⚐ MIN para identificar el rendimiento más bajo.

	ARTÍCULO	COSTO	CANTIDAD	TOTAL	IVA	IMPORTE TOTAL
4	TRAJE	180	=B4*C4	=13,500	=2,835	=16,335
5	GABARDINA	120	=B5*C5	=10,800	=2,268	=13,068
6	SOMBRERO	35	=B6*C6	=4,550	=955,50	=5,505,50
7	BUFANDA	20	=B7*C7	=1,700	=357	=2,057
8	Total	30,550	=SUMA(D4:D7)	=SUMA(E4:E7)	=SUMA(F4E7)	=36,965,50

	% IVA		Cantidad Promedio	Importe total Mayor	Importe Total Menor
11					
12	0,21		=PROMEDIO(C4:C7)	=MAX(F4:F7)	=MIN(F4:F7)
13					

	Total		30,550	6,415,50	36,965,50
14					
16	% IVA	0,21	=SUMA(D4:D7)	=SUMA(E4:E7)	= SUMA(F4:F7)

	Cantidad Promedio	95,00	16,335	2,057
16				
18	Total	=PROMEDIO(C4:C7)	= MAX(F4:F7)	= MIN(F4:F7)

8.9 USO DEL ASISTENTE PARA FUNCIONES EN EXCEL

El asistente para funciones es una herramienta clave en Excel, especialmente en el aprendizaje. Permite introducir funciones sin memorizar la sintaxis completa, guiando al usuario para rellenar argumentos de forma correcta.

El asistente es útil para:

⚐ Descubrir funciones nuevas.

⚐ Evitar errores de escritura.

⚐ Comprender qué argumentos necesita una función.

⚐ Ver una explicación breve del propósito de la función.

⚐ Previsualizar resultados.

En Excel, el asistente puede abrirse desde:

▼ El botón "Insertar función" (fx).

▼ La pestaña "Fórmulas".

▼ El cuadro de búsqueda de funciones.

Un enfoque eficaz consiste en enseñar al lector a usar el asistente como "apoyo" y, al mismo tiempo, a reconocer la estructura final de la función para que no dependa siempre de la herramienta.

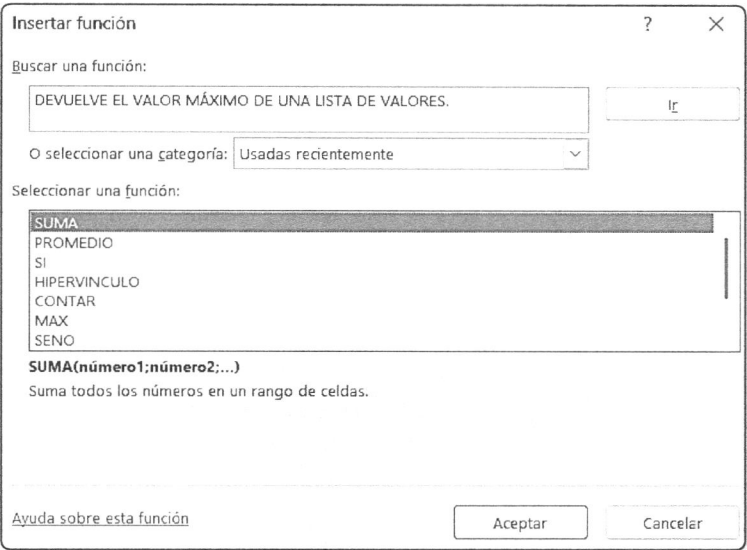

8.10   PASOS PARA USAR EL ASISTENTE (METODOLOGÍA)

Para que El lector interiorice el proceso, conviene explicar el uso del asistente como una secuencia:

1. Seleccionar la celda donde irá el resultado.

2. Abrir el asistente de funciones.

3. Buscar la función por nombre o categoría.

4. Leer la descripción para comprobar que es la función adecuada.

5. Rellenar los argumentos seleccionando celdas o rangos con el ratón.

6. Revisar la previsualización del resultado.

7. Confirmar para insertar la función.

8. Comprobar en la barra de fórmulas la función que se ha generado.

Este procedimiento refuerza el aprendizaje, porque El lector no solo obtiene el resultado, sino que ve la construcción de la función y aprende a reconocerla.

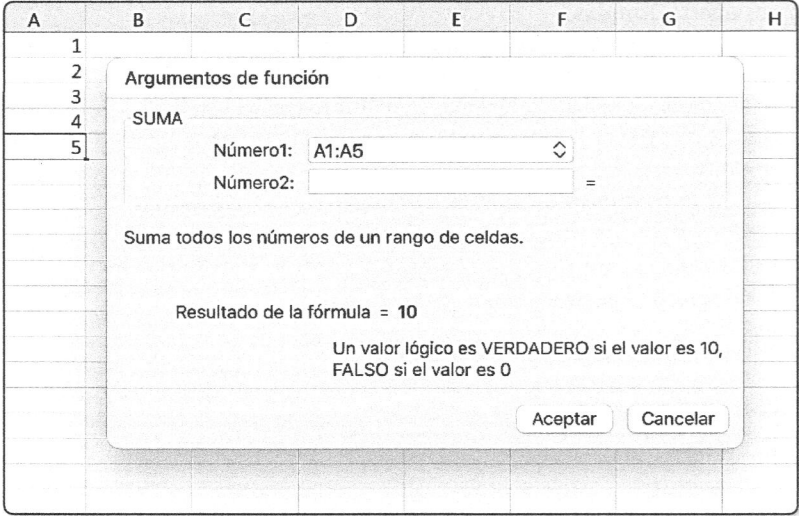

8.11   ERRORES FRECUENTES AL USAR FUNCIONES Y CÓMO EVITARLOS

En formación, es útil anticipar errores típicos:

- Error 1. Olvidar el signo igual.

  Consecuencia: Excel trata lo escrito como texto.

- Error 2. Separador incorrecto de argumentos.

  Consecuencia: Excel no interpreta la función y devuelve error.

- Error 3. Rango incorrecto.

  Consecuencia: el resultado es "correcto" para ese rango, pero no para lo que el usuario quería.

- Error 4. Incluir la celda del total en el rango.

  Consecuencia: totales inflados o resultados erróneos.

- Error 5. Confundir CONTAR con CONTARA.

  Consecuencia: se cuentan menos datos de los que se cree.

- Error 6. Redondear de forma inapropiada.

  Consecuencia: resultados financieros inconsistentes (por ejemplo, sumas que no cuadran por redondeos parciales).

8.12   FUNCIONES COMO BASE DEL APRENDIZAJE POSTERIOR

El dominio de funciones matemáticas y del asistente abre la puerta a otros contenidos del curso:

- ▶ Funciones estadísticas más avanzadas.
- ▶ Funciones lógicas para tomar decisiones (SI).
- ▶ Funciones de búsqueda (BUSCARV, XLOOKUP dependiendo del temario).
- ▶ Herramientas de análisis y gráficos.
- ▶ Validación de datos y tratamientos de listados.

Por ello, es importante que el lector consolide este punto no solo como un conjunto de "comandos" sino como una forma de trabajar: seleccionar rangos, aplicar funciones, interpretar resultados y revisar coherencia.

ACTIVIDADES

Actividad 1. Aplicación de funciones matemáticas básicas

A partir de un listado de datos numéricos, utiliza las funciones **SUMA, PROMEDIO, MAX y MIN** para obtener totales, promedios y valores extremos, identificando correctamente cada resultado.

Actividad 2. Uso del asistente de funciones

Inserta una función matemática básica utilizando el **asistente de funciones** de Excel y comprueba la estructura generada en la barra de fórmulas, verificando el resultado obtenido.

INSERCIÓN DE GRÁFICOS PARA REPRESENTAR LA INFORMACIÓN CONTENIDA EN LAS HOJAS DE CÁLCULO EN MICROSOFT EXCEL

La representación gráfica de los datos es una de las funciones más importantes y valiosas de Microsoft Excel. Aunque una hoja de cálculo permite almacenar y calcular grandes cantidades de información numérica, no siempre resulta sencillo interpretar los datos únicamente a partir de filas y columnas. En muchos casos, especialmente en el entorno profesional, es necesario **visualizar la información de forma clara, rápida e intuitiva**, y es aquí donde los gráficos adquieren un papel fundamental.

Los gráficos permiten transformar datos numéricos en representaciones visuales que facilitan la comprensión de tendencias, comparaciones, proporciones y evoluciones en el tiempo. Un gráfico bien diseñado puede transmitir en pocos segundos una información que, de otro modo, requeriría un análisis detallado de tablas completas. Por esta razón, Excel incorpora una amplia variedad de tipos de gráficos y herramientas para crearlos, modificarlos y adaptarlos a las necesidades del usuario.

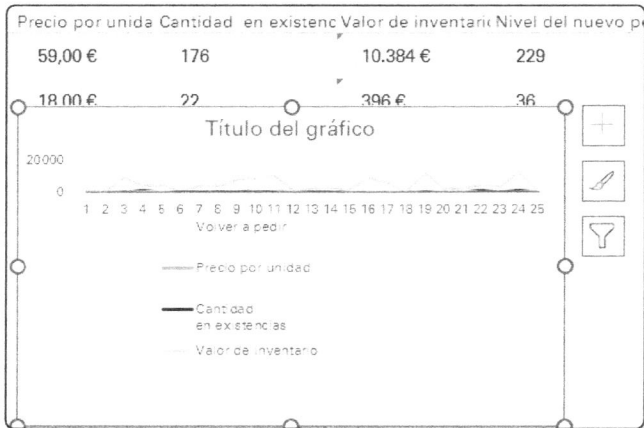

9.1   IMPORTANCIA DE LOS GRÁFICOS EN EL TRATAMIENTO DE LA INFORMACIÓN

En el ámbito laboral, los gráficos se utilizan constantemente para:

- Analizar resultados.
- Comparar datos entre periodos.
- Visualizar tendencias.
- Presentar informes.
- Apoyar la toma de decisiones.

Mientras que una tabla muestra valores exactos, un gráfico permite captar rápidamente:

- Qué valores son mayores o menores.
- Si una serie de datos crece o disminuye.
- Qué categoría destaca sobre las demás.
- Cómo se reparte un total entre diferentes partes.

Por ello, Excel no concibe los gráficos como un elemento decorativo, sino como una **herramienta de análisis y comunicación**. Un gráfico bien diseñado debe ser claro, coherente y fiel a los datos que representa.

9.2   RELACIÓN ENTRE DATOS Y GRÁFICOS

Antes de crear un gráfico, es imprescindible comprender que **un gráfico siempre depende de los datos de origen**. El gráfico no es un elemento independiente, sino una representación visual de una tabla o rango de celdas.

Esto implica que:

- Si los datos cambian, el gráfico se actualiza automáticamente.
- Si se amplía el rango de datos, el gráfico puede ajustarse.
- Si se eliminan los datos, el gráfico pierde su referencia.

Por este motivo, una buena práctica consiste en:

- Organizar correctamente los datos antes de crear el gráfico.
- Utilizar encabezados claros.
- Evitar rangos con datos mezclados o incompletos.

9.3   TIPOS DE GRÁFICOS EN EXCEL (VISIÓN GENERAL)

Excel ofrece una gran variedad de tipos de gráficos, cada uno adecuado para un tipo de análisis concreto. Aunque el temario no exige profundizar en todos ellos, es importante que el lector conozca los más habituales y sepa cuándo utilizar cada uno.

Entre los gráficos más utilizados se encuentran:

- Gráficos de columnas.
- Gráficos de barras.
- Gráficos de líneas.
- Gráficos circulares.
- Gráficos de áreas.
- Gráficos combinados.

La elección del tipo de gráfico no es arbitraria. Depende del tipo de datos y del mensaje que se desea transmitir. Un error frecuente es utilizar gráficos inadecuados, lo que puede llevar a interpretaciones incorrectas.

9.4   ELEMENTOS DE UN GRÁFICO

Todo gráfico en Excel está compuesto por una serie de **elementos básicos** que permiten interpretar correctamente la información representada. Conocer estos elementos es esencial tanto para comprender un gráfico como para modificarlo adecuadamente.

9.4.1   Área del gráfico

El área del gráfico es el espacio total que ocupa el gráfico. Incluye todos los elementos visibles, como títulos, ejes, leyendas y series de datos.

El área del gráfico puede:

- Cambiar de tamaño.
- Moverse dentro de la hoja.
- Modificarse en cuanto a formato y estilo.

9.4.2   Área de trazado

El área de trazado es la zona donde se representan los datos propiamente dichos, es decir, donde aparecen las columnas, barras, líneas o sectores del gráfico.

Separar visualmente el área de trazado del resto del gráfico mejora la claridad y facilita la lectura de los datos.

9.4.3   Series de datos

Las series de datos representan los valores que se están graficando. Cada serie corresponde normalmente a una columna o fila de datos en la hoja de cálculo.

En un gráfico puede haber:

 ▰ Una sola serie de datos.
 ▰ Varias series, representadas con distintos colores o estilos.

La correcta identificación de las series es fundamental para interpretar el gráfico.

9.4.4   Ejes del gráfico

En muchos tipos de gráficos existen dos ejes principales:

 ▰ Eje horizontal, que suele representar categorías.
 ▰ Eje vertical, que suele representar valores numéricos.

Los ejes ayudan a situar los datos y a interpretar las magnitudes representadas. Un eje mal configurado puede distorsionar la percepción de los datos.

9.4.5   Título del gráfico

El título del gráfico describe de forma clara y concisa qué información se está representando. Un gráfico sin título pierde gran parte de su utilidad, ya que obliga al lector a deducir el significado de los datos.

Un buen título debe:

 ▰ Ser breve.
 ▰ Describir el contenido del gráfico.
 ▰ Evitar ambigüedades.

9.4.6   Leyenda

La leyenda identifica las distintas series de datos mediante colores o símbolos. Es especialmente importante cuando el gráfico contiene más de una serie.

La leyenda debe:

 ▰ Ser clara.
 ▰ Estar bien situada.
 ▰ No ocultar datos importantes.

9.4.7 Etiquetas de datos

Las etiquetas de datos muestran el valor exacto de cada elemento representado. Aunque no siempre son necesarias, pueden resultar útiles cuando se requiere precisión.

Sin embargo, un uso excesivo de etiquetas puede saturar el gráfico y dificultar su lectura, por lo que deben utilizarse con criterio.

9.5 CREACIÓN DE UN GRÁFICO EN EXCEL

La **creación de un gráfico** en Excel es un proceso guiado y accesible, incluso para usuarios sin experiencia previa. No obstante, para obtener un resultado correcto es fundamental seguir una secuencia lógica de pasos.

9.5.1 Selección de los datos

El primer paso para crear un gráfico consiste en seleccionar correctamente los datos que se desean representar. Esta selección debe incluir:

- Los valores numéricos.
- Las categorías.
- Los encabezados, si se desea que aparezcan en el gráfico.

9.5.2 Inserción del gráfico

Una vez seleccionados los datos, Excel permite insertar el gráfico desde la cinta de opciones. El programa ofrece sugerencias automáticas basadas en los datos seleccionados, lo que facilita la elección del tipo de gráfico más adecuado.

El usuario puede:

- Aceptar una sugerencia.
- Elegir manualmente el tipo de gráfico.
- Probar distintos tipos hasta encontrar el más adecuado.

9.5.3 Ubicación del gráfico

Al insertar un gráfico, Excel puede:

- Colocarlo dentro de la misma hoja.
- Ubicarlo como una hoja independiente.

La elección depende del uso que se vaya a dar al gráfico. En informes sencillos suele colocarse junto a los datos, mientras que en presentaciones puede ser preferible dedicarle una hoja completa.

9.6   MODIFICACIÓN DE UN GRÁFICO

Una vez creado el gráfico, Excel ofrece múltiples opciones para **modificarlo y personalizarlo**. Estas modificaciones permiten mejorar la claridad, adaptar el diseño a un estilo corporativo o resaltar información relevante.

9.6.1   Cambio del tipo de gráfico

Es posible cambiar el tipo de gráfico sin necesidad de volver a crearlo desde cero. Esta opción resulta muy útil cuando se desea comparar distintas formas de representación.

9.6.2   Modificación de los elementos del gráfico

Excel permite añadir, quitar o modificar:

- Título.
- Ejes.
- Leyenda.

- Etiquetas de datos.
- Líneas de cuadrícula.

Estas opciones permiten adaptar el gráfico al nivel de detalle requerido.

9.6.3   Formato visual del gráfico

El formato visual incluye aspectos como:

- Colores.
- Tipos de letra.

- Estilos predefinidos.
- Tamaño y posición.

Un buen formato visual mejora la comprensión sin distraer del contenido.

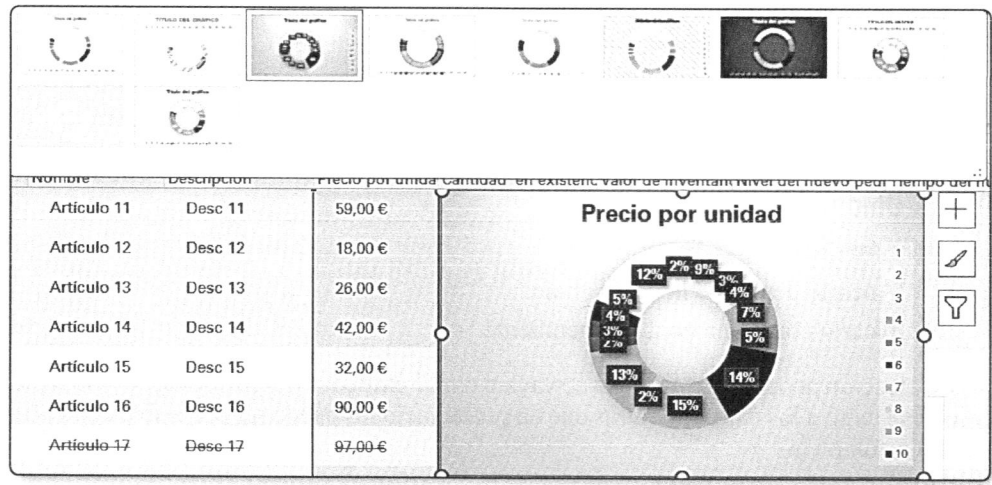

9.6.4   Actualización automática del gráfico

Una característica clave de los gráficos en Excel es su **actualización automática**. Cuando los datos de origen cambian, el gráfico se ajusta de forma inmediata, lo que garantiza la coherencia entre datos y representación visual.

Esta funcionalidad convierte al gráfico en un elemento dinámico y siempre actualizado.

9.7   ERRORES COMUNES EN LA CREACIÓN Y MODIFICACIÓN DE GRÁFICOS

Algunos errores frecuentes que conviene evitar son:

- Seleccionar rangos incorrectos.
- Usar gráficos inadecuados para el tipo de datos.
- Sobrecargar el gráfico con demasiados elementos.
- Utilizar colores poco contrastados.
- No incluir título ni leyenda.

Desde el punto de vista formativo, es importante enseñar no solo cómo crear gráficos, sino también **cómo interpretarlos críticamente**.

9.8   BORRADO DE UN GRÁFICO

El **borrado de un gráfico** es una operación sencilla, pero conviene entender sus implicaciones. Al eliminar un gráfico:

- Se elimina únicamente la representación visual.
- Los datos originales permanecen intactos.
- No se afecta a las fórmulas ni a los cálculos.

Esta operación es útil cuando:

- El gráfico ya no es necesario.
- Se va a crear otro gráfico diferente.
- Se reorganiza la hoja de cálculo.

9.9   IMPORTANCIA DE LOS GRÁFICOS EN EL ENTORNO PROFESIONAL

En el entorno laboral, los gráficos son una herramienta clave para:

- Presentar resultados.
- Comunicar información compleja.
- Apoyar decisiones.
- Elaborar informes claros y comprensibles.

ACTIVIDADES

Actividad 1. Creación de un gráfico a partir de datos

A partir de una tabla de datos, **inserta un gráfico adecuado** (columnas, líneas o circular), añade **título y leyenda** y comprueba cómo el gráfico se **actualiza automáticamente** al modificar los valores.

Actividad 2. Modificación y mejora de un gráfico

Selecciona un gráfico ya creado y **cambia su tipo**, ajusta los **elementos del gráfico** (ejes, etiquetas de datos y título) y aplica un **formato visual sencillo** que mejore la claridad de la información.

10

INSERCIÓN DE OTROS ELEMENTOS DENTRO DE UNA HOJA DE CÁLCULO EN MICROSOFT EXCEL

Además de datos numéricos, textos y fórmulas, Microsoft Excel permite **insertar distintos elementos gráficos y visuales** dentro de una hoja de cálculo. Estos elementos no forman parte directa de los cálculos, pero cumplen una función fundamental en la **presentación, explicación y contextualización de la información**.

En muchos documentos profesionales, la hoja de cálculo no se utiliza únicamente como herramienta de cálculo, sino también como soporte para:

- Informes.
- Cuadros resumen.
- Paneles de información.
- Documentos de seguimiento.
- Presentaciones internas.

10.1 CONSIDERACIONES GENERALES SOBRE LA INSERCIÓN DE ELEMENTOS

Antes de insertar cualquier elemento adicional en una hoja de cálculo, es importante que el lector comprenda una idea clave: **estos elementos son objetos flotantes**, no celdas.

Esto significa que:

- No forman parte de filas ni columnas.
- No se desplazan exactamente igual que las celdas.
- Pueden superponerse a datos si no se colocan correctamente.
- No participan en cálculos ni fórmulas.

10.2 INSERCIÓN DE IMÁGENES EN UNA HOJA DE CÁLCULO

Para insertar una imagen en una hoja de cálculo de Excel 365, se debe acceder a la pestaña **Insertar** de la cinta de opciones y seleccionar el grupo **Ilustraciones**, haciendo clic en la opción **Imágenes**. A continuación, el programa permite elegir el origen de la imagen, pudiendo seleccionarse **Este dispositivo**, **Imágenes de archivo** o **Imágenes en línea**, según el caso.

Excel ofrece dos formas de insertar imágenes en relación con las celdas de la hoja:

▼ **Colocar en celda**, opción mediante la cual la imagen queda ajustada al tamaño de la celda y se comporta como su contenido.

▼ **Colocar sobre celdas**, que permite situar la imagen libremente sobre la hoja de cálculo, sin quedar vinculada inicialmente a una celda concreta.

Una vez insertada una imagen colocada **sobre celdas**, es posible configurar su comportamiento para que se desplace y cambie de tamaño junto con las celdas. Para ello, se debe hacer clic con el botón derecho del ratón sobre la imagen, acceder a la opción **Formato de imagen** y, dentro del apartado **Propiedades**, activar la casilla **Mover y cambiar tamaño con celdas**.

Esta configuración resulta especialmente útil cuando se trabaja con diseños estructurados o se prevé modificar el tamaño de filas y columnas, ya que garantiza que la imagen mantenga su posición relativa dentro de la hoja de cálculo.

10.2.1 Tipos de imágenes que pueden insertarse

Excel permite insertar imágenes:

▼ Desde un archivo almacenado en el equipo.

▼ Desde dispositivos conectados.

▼ Desde recursos en línea (según configuración).

▼ Copiadas desde otras aplicaciones mediante el portapapeles.

Las imágenes suelen utilizarse para:

▼ Insertar logotipos.

▼ Añadir capturas explicativas.

▼ Incluir esquemas o iconos.

▼ Acompañar informes con elementos visuales.

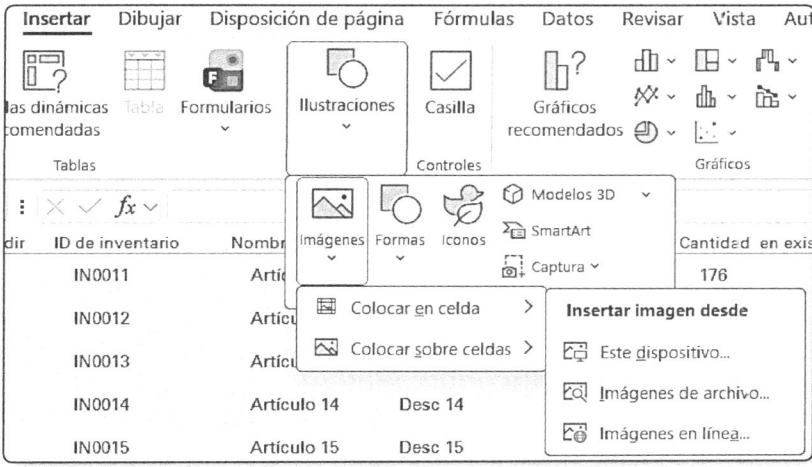

10.2.2 Inserción de una imagen desde archivo

El proceso general para insertar una imagen desde un archivo consiste en:

▶ Seleccionar la ubicación aproximada donde se colocará la imagen.

▶ Acceder a la opción de inserción de imágenes.

▶ Seleccionar el archivo correspondiente.

▶ Ajustar el tamaño y la posición de la imagen.

Una vez insertada, la imagen se comporta como un objeto independiente que puede moverse, redimensionarse y formatearse.

Aspectos importantes:

▶ Explicar que la imagen no queda "dentro" de una celda, aunque visualmente pueda alinearse con ella.

▶ Mostrar cómo mantener la proporción de la imagen al redimensionarla.

▶ Advertir sobre imágenes demasiado grandes que oculten datos.

10.2.3 Ajuste de tamaño y posición de imágenes

Tras insertar una imagen, es habitual ajustar:

▶ Su tamaño.

▶ Su ubicación.

▶ Su alineación respecto a los datos.

Excel permite:

- Redimensionar arrastrando desde las esquinas.
- Mover la imagen con el ratón.
- Alinear varias imágenes entre sí.
- Ajustar la imagen a un área concreta de la hoja.

Una buena colocación de la imagen mejora la presentación del documento y evita interferencias con los datos.

10.2.4 Relación de la imagen con las celdas

Las imágenes pueden configurarse para:

- Moverse junto con las celdas.
- No moverse al cambiar el tamaño de filas o columnas.
- Ajustarse al tamaño de una celda.

Comprender esta relación es importante para evitar que una imagen "se desplace" inesperadamente al modificar la hoja.

10.3 AUTOFORMAS EN EXCEL

Las **autoformas** son figuras geométricas prediseñadas que pueden insertarse en la hoja de cálculo para destacar información, crear esquemas visuales o señalar elementos concretos.

Entre las autoformas más utilizadas se encuentran:

- Rectángulos.
- Círculos y óvalos.
- Flechas.
- Líneas.
- Llamadas.

10.3.1 Inserción de una autoforma

El proceso de inserción de una autoforma consiste en:

- Seleccionar el tipo de forma.
- Dibujarla sobre la hoja de cálculo.
- Ajustar su tamaño y posición.

Una vez insertada, la autoforma puede:

- Cambiar de color.
- Modificar su contorno.
- Incluir texto en su interior.
- Duplicarse para crear esquemas repetitivos.

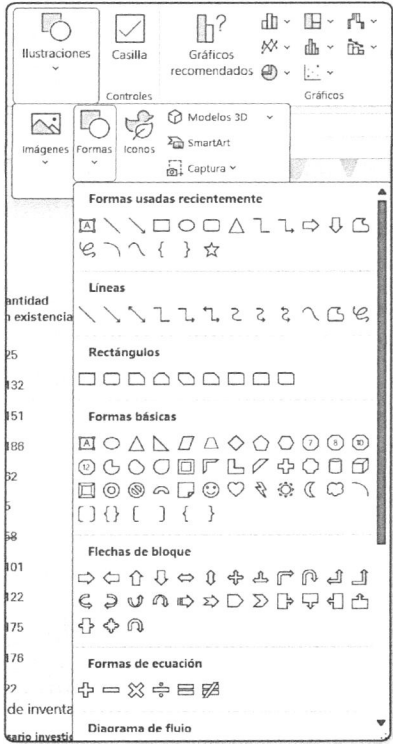

10.3.2 Formato de autoformas

Excel permite personalizar las autoformas mediante:

▰ Color de relleno.

▰ Color y grosor del contorno.

▰ Estilos predefinidos.

▰ Efectos visuales sencillos.

Es importante insistir en que el formato debe ser sobrio y funcional, evitando excesos que dificulten la lectura.

Una característica clave de las autoformas es que permiten insertar texto en su interior. Este texto puede servir para:

▰ Explicar un dato.

▰ Identificar una sección.

▰ Añadir comentarios breves.

El texto dentro de una autoforma puede formatearse igual que el texto de una celda: tipo de letra, tamaño, color y alineación.

10.4 TEXTO ARTÍSTICO EN EXCEL

El **texto artístico**, conocido habitualmente como texto decorativo, permite crear textos con estilos visuales especiales. Aunque su uso debe ser moderado, puede resultar útil en determinados contextos.

10.4.1 Finalidad del texto artístico

El texto artístico se utiliza principalmente para:

▼ Títulos destacados.

▼ Encabezados visuales.

▼ Portadas de informes dentro de Excel.

▼ Identificación clara de secciones.

No está pensado para textos largos ni para información detallada.

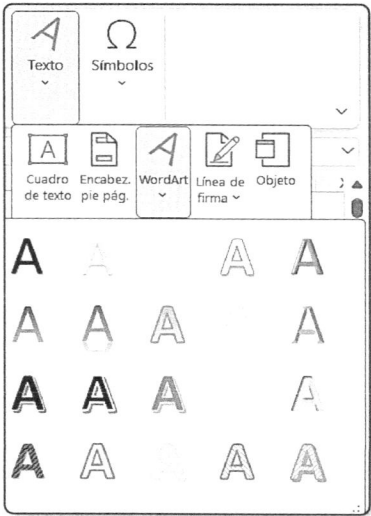

10.4.2 Inserción de texto artístico

El proceso general de inserción consiste en:

▼ Seleccionar un estilo.

▼ Escribir el texto.

▼ Ajustar su tamaño y posición.

El texto artístico se comporta como un objeto gráfico, no como contenido de una celda.

Una vez insertado, el texto artístico puede:

- Cambiar de estilo.
- Modificar colores y efectos.
- Redimensionarse.
- Girarse.

Conviene advertir que el abuso del texto artístico puede restar profesionalidad al documento.

10.5 OTROS ELEMENTOS INSERTABLES EN EXCEL

Además de imágenes, autoformas y texto artístico, Excel permite insertar otros elementos que amplían las posibilidades de la hoja de cálculo.

Cuadros de texto

Los cuadros de texto permiten insertar texto libre en cualquier parte de la hoja, sin depender de una celda concreta.

Se utilizan para:

- Notas explicativas.
- Comentarios visibles.
- Instrucciones de uso.
- Aclaraciones sobre los datos.

Iconos y elementos gráficos simples

Excel incorpora una colección de iconos que pueden utilizarse para:

- Señalar información.
- Representar estados.
- Acompañar títulos o notas.

Estos iconos son especialmente útiles cuando se desea una presentación visual sencilla y clara.

Elementos copiados desde otras aplicaciones

Es posible copiar elementos desde otras aplicaciones y pegarlos en Excel, como:

- Imágenes.
- Gráficos.
- Fragmentos visuales.

Es importante comprobar que estos elementos se integran correctamente y no afectan al rendimiento del archivo.

10.6 ORGANIZACIÓN Y GESTIÓN DE ELEMENTOS INSERTADOS

Cuando una hoja contiene varios elementos gráficos, es fundamental gestionar su organización:

- Alinear objetos.
- Agrupar elementos relacionados.
- Distribuirlos uniformemente.
- Bloquear su posición si es necesario.

Estas acciones facilitan el mantenimiento de la hoja y evitan desplazamientos accidentales.

ACTIVIDADES

Actividad 1. Inserción y ajuste de imágenes

Inserta una **imagen desde archivo** en una hoja de Excel, ajusta su tamaño y posición y configura su comportamiento para que **se mueva y cambie de tamaño con las celdas**. Comprueba el resultado al modificar filas y columnas.

Actividad 2. Uso de autoformas y cuadros de texto

Inserta **autoformas** y un **cuadro de texto** para destacar y explicar datos de una tabla. Aplica un formato sencillo y organiza los elementos alineándolos correctamente dentro de la hoja.

11

IMPRESIÓN EN MICROSOFT EXCEL

La impresión de documentos en Microsoft Excel constituye una fase fundamental del trabajo con hojas de cálculo cuando la información debe compartirse en formato físico o convertirse en documentos PDF para su distribución. Aunque Excel es una herramienta concebida principalmente para el trabajo digital con datos, su uso profesional exige un dominio preciso de las opciones de impresión para garantizar que la información se presente de forma clara, ordenada y comprensible fuera de la pantalla.

Imprimir una hoja de cálculo no consiste únicamente en pulsar el botón de imprimir. En la mayoría de los casos, los datos deben prepararse previamente para que el resultado impreso sea correcto. Las hojas de cálculo suelen contener gran cantidad de filas, columnas, cálculos y elementos visuales que no siempre se adaptan automáticamente al formato de una página. Por ello, Excel ofrece un conjunto de herramientas específicas que permiten controlar exactamente qué se imprime, cómo se distribuye el contenido en la página y qué márgenes se aplican.

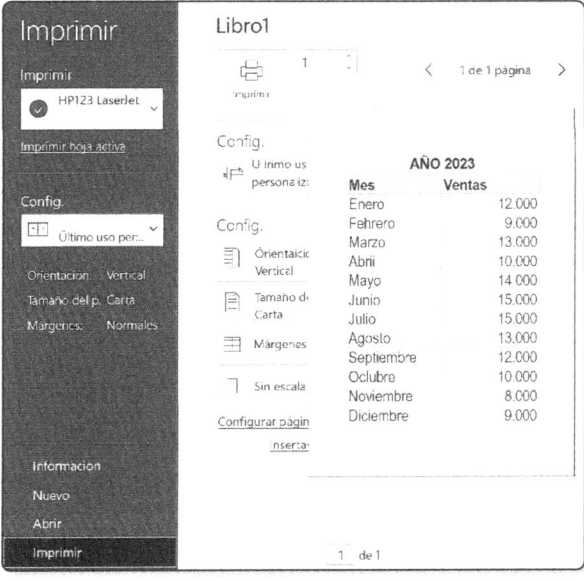

11.1 CONCEPTO DE IMPRESIÓN EN EXCEL

Imprimir en Excel implica trasladar la información contenida en una hoja de cálculo a un formato paginado. A diferencia de los procesadores de texto, donde el documento ya está pensado en páginas, Excel trabaja con una estructura de cuadrícula potencialmente infinita. Esto hace que la impresión requiera un proceso previo de adaptación.

Cuando se envía una hoja de Excel a imprimir, el programa:

- Divide el contenido en páginas.
- Aplica los márgenes definidos.
- Ajusta la escala según la configuración.
- Respeta las zonas de impresión establecidas.
- Genera una vista previa que permite revisar el resultado.

Comprender este proceso ayuda a evitar errores habituales, como imprimir páginas en blanco, datos cortados o columnas repartidas en varias hojas sin sentido.

11.2 ZONAS DE IMPRESIÓN

Una zona de impresión es el área concreta de una hoja de cálculo que Excel utilizará como referencia para imprimir. Todo lo que quede fuera de esta zona no se imprimirá, aunque esté visible en pantalla.

Las zonas de impresión son especialmente útiles cuando:

- La hoja contiene información auxiliar que no debe imprimirse.
- Solo se necesita imprimir una tabla concreta.
- Existen varias tablas en la misma hoja.
- Se desea controlar exactamente el contenido impreso.

11.2.1 Definición de una zona de impresión

Para definir una zona de impresión, el usuario debe seleccionar previamente el rango de celdas que desea imprimir. Este rango puede incluir:

Encabezados de tabla.

- Datos numéricos.
- Totales.
- Títulos.

Una vez seleccionado el rango, Excel permite establecerlo como zona de impresión. A partir de ese momento, cualquier impresión de la hoja se limitará a esa área.

11.2.2 Importancia de seleccionar correctamente la zona

Seleccionar correctamente la zona de impresión es un paso crítico. Una selección incorrecta puede provocar:

⚐ Impresión de información incompleta.

⚐ Inclusión de celdas vacías innecesarias.

⚐ Cortes de tablas entre páginas.

⚐ Resultados visualmente desordenados.

⚐ Por ello, antes de definir la zona de impresión, es recomendable:

⚐ Revisar la estructura de la tabla.

⚐ Asegurarse de incluir encabezados.

⚐ Comprobar que los totales estén dentro del rango.

⚐ Evitar seleccionar filas o columnas vacías.

11.2.3 Modificación de una zona de impresión

Las zonas de impresión no son definitivas. Excel permite:

⚐ Cambiar la zona de impresión.

⚐ Ampliarla o reducirla.

⚐ Eliminarla por completo.

⚐ Modificar una zona de impresión es habitual cuando:

⚐ Se añaden nuevos datos.

⚐ Se corrige la estructura de la hoja.

⚐ Se generan versiones distintas del documento.

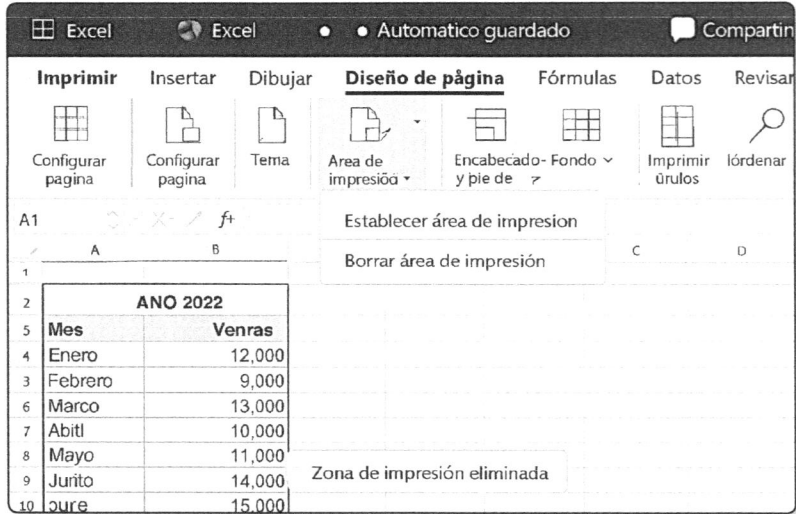

11.2.4 Uso de varias zonas de impresión

Excel permite definir varias zonas de impresión dentro de una misma hoja. En este caso, cada zona se imprimirá como un bloque independiente, normalmente en páginas separadas.

Este recurso es útil cuando:

⚑ Existen varias tablas independientes.

⚑ Se quiere imprimir información no contigua.

⚑ Se desea mantener separadas distintas secciones del documento.

⚑ Sin embargo, el uso de múltiples zonas de impresión requiere una planificación cuidadosa para evitar resultados confusos.

11.3 ESPECIFICACIONES DE IMPRESIÓN

Las especificaciones de impresión determinan cómo se enviará el contenido seleccionado a la impresora o al archivo PDF. Estas opciones afectan directamente al aspecto final del documento impreso.

Excel permite configurar estas especificaciones desde:

⚑ El panel de impresión.

⚑ El cuadro de configuración de página.

⚑ La pestaña Diseño de página.

11.3.1 Orientación de la página

La orientación de la página define cómo se dispondrá el contenido sobre el papel. Existen dos orientaciones principales:

- Vertical.
- Horizontal.

La elección de la orientación depende del número de columnas y del ancho de la tabla. Las tablas con muchas columnas suelen requerir orientación horizontal para evitar que la información se divida en varias páginas.

11.3.2 Tamaño del papel

El tamaño del papel determina el espacio disponible para imprimir el contenido. Excel permite seleccionar distintos tamaños, siendo el más habitual el formato A4.

Elegir el tamaño adecuado es importante para:

- Evitar escalados innecesarios.
- Ajustar correctamente los márgenes.
- Garantizar compatibilidad con la impresora disponible.

11.3.3 Escala de impresión

La escala controla cómo se ajusta el contenido al tamaño del papel. Excel permite:

- Imprimir al tamaño real.
- Ajustar el contenido para que quepa en una o varias páginas.
- Reducir o ampliar el contenido mediante porcentajes.

Un uso incorrecto de la escala puede provocar textos demasiado pequeños o tablas ilegibles, por lo que debe utilizarse con criterio.

11.3.4 Impresión de líneas de cuadrícula y encabezados

Excel permite decidir si se imprimen:

- Las líneas de cuadrícula.
- Los encabezados de filas y columnas.

Estas opciones influyen directamente en la legibilidad del documento impreso. En muchos casos, imprimir las líneas de cuadrícula facilita la lectura de tablas extensas.

11.4 CONFIGURACIÓN DE PÁGINA

La configuración de página agrupa las opciones que controlan cómo se distribuye el contenido dentro de cada hoja impresa. Es una fase esencial del proceso de impresión, ya que permite adaptar la hoja de cálculo a un formato paginado.

11.4.1 Acceso a la configuración de página

- La configuración de página puede abrirse desde:
- La pestaña Diseño de página.
- El panel de impresión.
- Atajos de acceso directo.
- Desde este cuadro se controlan la mayoría de los parámetros de impresión.

11.4.2 Márgenes de página

Los márgenes son los espacios en blanco que rodean el contenido impreso. Su función es:

- Evitar que el contenido quede demasiado cerca del borde.
- Permitir encuadernación o archivado.
- Mejorar la presentación visual.

Excel ofrece márgenes predefinidos y la posibilidad de personalizarlos.

11.4.3 Tipos de márgenes

Los márgenes se dividen en:

- Margen superior.
- Margen inferior.
- Margen izquierdo.
- Margen derecho.
- Márgenes de encabezado y pie.
- Cada uno puede ajustarse de forma independiente.

11.4.4 Importancia del ajuste correcto de márgenes

Un margen mal configurado puede provocar:

⚐ Texto cortado.

⚐ Desalineación del contenido.

⚐ Resultados poco profesionales.

⚐ Ajustar los márgenes correctamente es en especial importante cuando:

⚐ Se imprimen tablas anchas.

⚐ Se utilizan encabezados o pies de página.

⚐ El documento va a archivarse físicamente.

11.5 REVISIÓN PREVIA A LA IMPRESIÓN

Antes de imprimir definitivamente, Excel permite revisar el resultado mediante la vista previa. Esta revisión es una fase imprescindible para:

⚐ Detectar errores de ajuste.

⚐ Verificar que no hay páginas en blanco.

⚐ Confirmar que el contenido es legible.

⚐ Comprobar la distribución de páginas.

11.6 ERRORES COMUNES EN LA IMPRESIÓN DE HOJAS DE CÁLCULO

Entre los errores más habituales se encuentran:

⚐ No definir zona de impresión.

⚐ Imprimir hojas completas innecesariamente.

⚐ Usar una escala incorrecta.

⚐ Márgenes demasiado grandes o pequeños.

⚐ No revisar la vista previa.

⚐ Identificar estos errores ayuda a mejorar la calidad del documento impreso.

11.7 RECOMENDACIONES EN LA IMPRESIÓN

⚐ Algunas recomendaciones generales:

⚐ Preparar la hoja antes de imprimir.

⚐ Usar zonas de impresión.

⚐ Ajustar orientación y escala.

⚐ Revisar siempre la vista previa.

⚐ Imprimir una prueba si el documento es importante.

11.8 ORIENTACIÓN DE LA PÁGINA

La **orientación de la página** determina la disposición del contenido impreso sobre el papel y es una de las decisiones más importantes en el proceso de impresión de una hoja de cálculo. En Excel existen dos orientaciones posibles: **vertical** y **horizontal**. Elegir correctamente la orientación permite aprovechar mejor el espacio disponible y evita que la información se distribuya de forma incorrecta en varias páginas.

La orientación **vertical** es la opción predeterminada y se utiliza habitualmente cuando la hoja contiene pocas columnas y un número elevado de filas. En este formato, la altura de la página es mayor que su anchura, lo que facilita la lectura de listados largos.

La orientación **horizontal** se emplea cuando la hoja de cálculo contiene muchas columnas o columnas especialmente anchas. En este caso, la anchura de la página es mayor que su altura, lo que permite que la información se muestre en una sola página o en menos páginas, evitando cortes innecesarios.

Antes de decidir la orientación, es recomendable analizar:

⚐ El número de columnas de la tabla.

⚐ La anchura de los encabezados.

⚐ La presencia de totales o columnas calculadas.

⚐ El formato de destino (papel o PDF).

Excel permite cambiar la orientación desde distintas ubicaciones del programa, siendo la más habitual la pestaña **Diseño de página**. El cambio de orientación afecta a toda la hoja que se va a imprimir y se refleja inmediatamente en la vista preliminar.

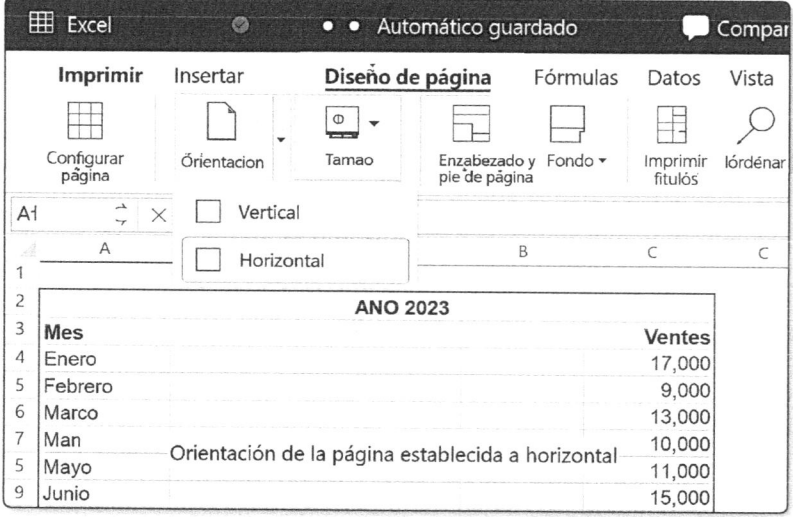

Orientación de la página establecida a horizontal

11.9 ENCABEZADOS Y PIES DE PÁGINA

Los **encabezados y pies de página** son zonas especiales situadas en la parte superior e inferior de cada página impresa. Estas zonas no forman parte del área de impresión principal y se repiten automáticamente en todas las páginas del documento.

Su función es proporcionar información adicional que ayude a identificar el documento, como:

- Título del informe.
- Nombre de la hoja o del archivo.
- Fecha de impresión.
- Número de página.
- Información del autor o del departamento.

El uso de encabezados y pies de página es especialmente importante en documentos de varias páginas, ya que permite mantener el contexto de la información incluso cuando las páginas se separan físicamente.

11.9.1 Acceso a la edición de encabezados y pies

En Excel, los encabezados y pies de página pueden editarse desde:

- La vista Diseño de página.
- El cuadro de configuración de página.
- El menú de impresión.

Al acceder a la edición, Excel divide el encabezado y el pie en tres secciones:

- Sección izquierda.
- Sección central.
- Sección derecha.

Esta división permite distribuir la información de forma equilibrada y clara.

11.9.2 Inserción de texto en encabezados y pies

El usuario puede introducir texto libre en cualquiera de las secciones del encabezado o del pie. Este texto puede utilizarse para identificar el contenido del documento o aportar información contextual.

Recomendaciones para la inserción de texto:

- Usar textos breves y claros.
- Evitar frases largas que ocupen demasiado espacio.
- Mantener coherencia entre encabezado y pie.
- Utilizar el encabezado para identificación y el pie para información complementaria.

11.9.3 Inserción de elementos automáticos

Excel permite insertar elementos automáticos en encabezados y pies, como:

- ⬦ Número de página.
- ⬦ Número total de páginas.
- ⬦ Fecha actual.
- ⬦ Hora.
- ⬦ Nombre del archivo.
- ⬦ Nombre de la hoja.

Estos elementos se actualizan automáticamente y evitan errores manuales, especialmente en documentos que se imprimen varias veces o se modifican con frecuencia.

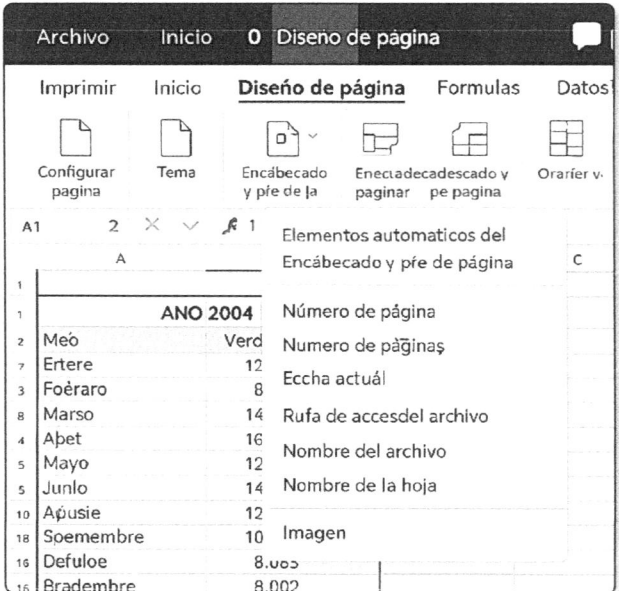

11.10 NUMERACIÓN DE PÁGINAS

La **numeración de páginas** es un elemento esencial en documentos impresos de más de una página. Permite ordenar correctamente el documento y facilita su lectura, archivo y referencia.

En Excel, la numeración de páginas se gestiona desde los encabezados y pies de página, utilizando campos automáticos. Esto garantiza que la numeración se actualice de forma automática si cambia el número total de páginas.

11.10.1 Tipos de numeración

Excel permite diferentes formatos de numeración, como:

- Número de página simple.
- Página actual de un total de páginas.
- Numeración combinada con texto descriptivo.

Elegir el tipo adecuado depende del uso del documento y del nivel de formalidad requerido.

11.10.2 Ubicación de la numeración

La numeración puede colocarse:

- En el encabezado.
- En el pie de página.
- En la parte izquierda, central o derecha.

Habitualmente, la numeración se sitúa en el pie de página, centrada o alineada a la derecha, aunque esto puede variar según las necesidades del documento.

11.11 VISTA PRELIMINAR

La **vista preliminar** es una herramienta imprescindible antes de realizar cualquier impresión definitiva. Permite visualizar cómo quedará el documento una vez impreso, mostrando:

- Distribución de páginas.
- Saltos de página.
- Márgenes.
- Encabezados y pies.
- Escala aplicada.

La vista preliminar actúa como una fase de comprobación final que ayuda a detectar errores y corregirlos antes de gastar papel o generar un PDF incorrecto.

11.11.1 Acceso a la vista preliminar

En Excel, la vista preliminar se muestra automáticamente al acceder al menú de impresión. Desde esta vista, el usuario puede:

- Navegar entre páginas.
- Acercar o alejar el zoom.
- Cambiar configuraciones y ver el resultado en tiempo real.

11.11.2 Corrección de errores desde la vista preliminar

Desde la vista preliminar es habitual detectar problemas como:

▶ Columnas cortadas.

▶ Filas divididas entre páginas.

▶ Márgenes excesivos.

▶ Texto demasiado pequeño.

Una vez detectados, el usuario puede volver a la hoja, ajustar la configuración y comprobar de nuevo el resultado. Este proceso puede repetirse tantas veces como sea necesario.

11.12 FORMAS DE IMPRESIÓN

Excel ofrece distintas **formas de impresión**, adaptadas a diferentes necesidades y contextos de uso.

11.12.1 Impresión en papel

La impresión en papel es la forma tradicional y se utiliza cuando el documento debe:

▶ Entregarse físicamente.

▶ Archivarse.

▶ Firmarse.

▶ Utilizarse en reuniones presenciales.

En este caso, es especialmente importante cuidar márgenes, legibilidad y presentación general.

11.12.2 Impresión a archivo PDF

Excel permite imprimir directamente a PDF utilizando una impresora virtual. Esta opción es muy utilizada para:

▶ Enviar documentos por correo electrónico.

▶ Compartir informes.

▶ Conservar copias digitales.

La impresión a PDF mantiene el formato y evita modificaciones accidentales.

11.12.3 Impresión parcial o por selección

El usuario puede elegir imprimir:

- Toda la hoja.
- El libro completo.
- Solo la selección actual.

Esta flexibilidad permite adaptar la impresión a cada necesidad concreta sin modificar la hoja original.

11.13 CONFIGURACIÓN DE IMPRESORA

La **configuración de la impresora** determina cómo se comunicará Excel con el dispositivo de impresión. Aunque muchas impresoras funcionan con valores predeterminados, en ocasiones es necesario ajustar parámetros específicos.

11.13.1 Selección de impresora

Excel permite seleccionar la impresora disponible en el sistema, lo que resulta útil cuando:

- Hay varias impresoras instaladas.
- Se alterna entre impresora física y PDF.
- Se trabaja en entornos compartidos.

11.13.2 Propiedades de la impresora

Desde el panel de impresión es posible acceder a las propiedades de la impresora, donde se pueden ajustar opciones como:

▼ Calidad de impresión.

▼ Tipo de papel.

▼ Impresión a color o en blanco y negro.

▼ Doble cara, si está disponible.

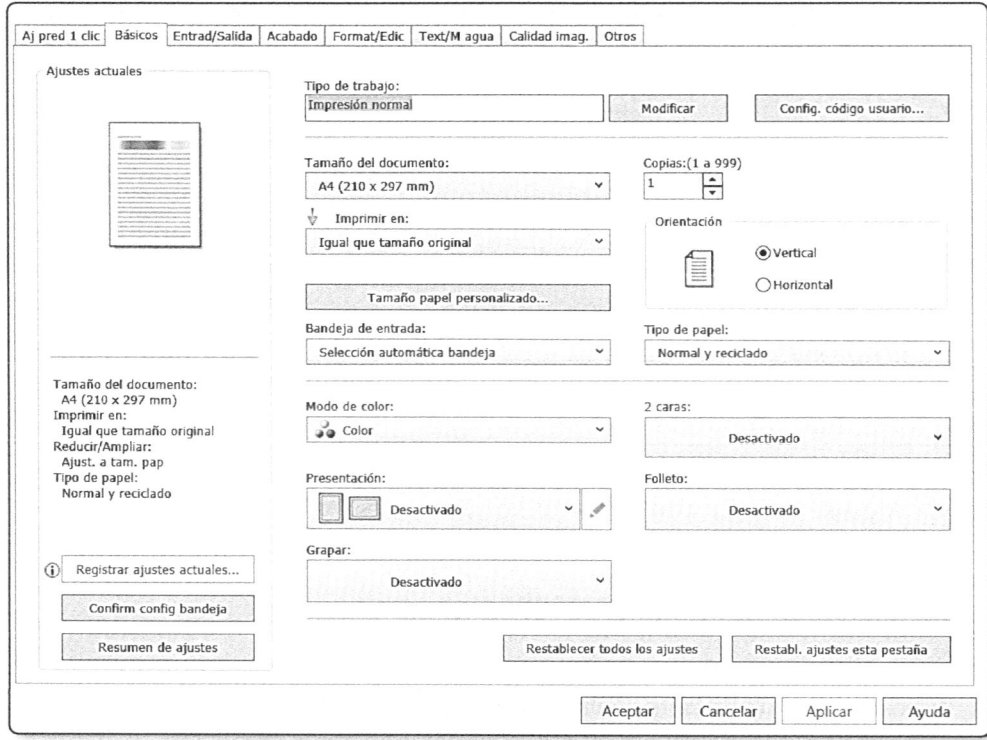

11.13.3 Importancia de revisar la configuración de impresora

Una configuración incorrecta de la impresora puede provocar:

▼ Impresiones borrosas.

▼ Consumo excesivo de tinta.

▼ Uso de papel inadecuado.

▼ Resultados distintos a los esperados.

Por ello, es recomendable revisar estas opciones antes de imprimir documentos importantes.

11.14 REVISIÓN FINAL ANTES DE IMPRIMIR

Antes de confirmar la impresión, es aconsejable realizar una revisión final que incluya:

- Vista preliminar correcta.
- Orientación adecuada.
- Zona de impresión bien definida.
- Encabezados y pies visibles.
- Numeración correcta.
- Impresora seleccionada correctamente.

Esta revisión reduce errores y garantiza un resultado profesional.

Actividad 1. Definición de zona de impresión y vista preliminar

Selecciona una tabla en una hoja de Excel, **define una zona de impresión** y comprueba el resultado en la **vista preliminar**. Modifica la zona para incluir encabezados y totales y verifica cómo cambia la distribución de las páginas.

Actividad 2. Configuración de página y exportación a PDF

Configura la **orientación, márgenes** y **escala de impresión** de una hoja de cálculo para que toda la información se imprima correctamente en formato A4. Añade **encabezado, pie de página y numeración** y genera el documento en **PDF** revisando el resultado final.

12

TRABAJO CON DATOS EN MICROSOFT EXCEL

Dentro de la pestaña **Datos** de Excel se agrupan una serie de herramientas orientadas al **tratamiento, depuración, validación y análisis de la información** contenida en las hojas de cálculo. Estas herramientas permiten convertir datos sin estructurar en información organizada y fiable, facilitando su posterior análisis y toma de decisiones.

Las opciones que se describen a continuación se encuentran en el grupo **Herramientas de datos**.

12.1 TEXTO EN COLUMNAS

La herramienta **Texto en columnas** permite **dividir el contenido de una celda en varias columnas**, utilizando como criterio un separador o un ancho fijo. Resulta especialmente útil cuando se importan datos desde archivos externos o cuando la información no está correctamente estructurada.

Excel ofrece dos métodos de separación:

- ⚑ **Delimitados**, cuando los datos están separados por caracteres como comas, puntos y coma, espacios o tabulaciones.

- ⚑ **Ancho fijo**, cuando cada campo ocupa un espacio determinado dentro de la celda.

Este proceso se realiza mediante un asistente que guía al usuario paso a paso, permitiendo previsualizar el resultado antes de aplicar los cambios de forma definitiva.

12.2 RELLENO RÁPIDO

El **Relleno rápido** es una herramienta que reconoce **patrones en los datos introducidos por el usuario** y completa automáticamente el resto de la columna siguiendo ese mismo criterio.

Se utiliza, por ejemplo, para:

- Separar nombres y apellidos.
- Unificar formatos de texto.
- Extraer partes concretas de una cadena de caracteres.

El usuario introduce manualmente uno o dos ejemplos y Excel completa el resto de los datos sin necesidad de fórmulas, mejorando notablemente la rapidez en la preparación de la información.

12.3 QUITAR DUPLICADOS

La opción **Quitar duplicados** permite **eliminar registros repetidos** dentro de un rango de datos o una tabla, manteniendo únicamente una instancia de cada valor o combinación de valores.

Antes de ejecutar la acción, Excel permite seleccionar:

- Las columnas que se tendrán en cuenta para detectar duplicados.
- Si los datos incluyen encabezados.

Esta herramienta resulta esencial para garantizar la **calidad y fiabilidad de los datos**, especialmente en bases de datos, listados de clientes o inventarios.

12.4 VALIDACIÓN DE DATOS

La **Validación de datos** se utiliza para **controlar el tipo de información que puede introducirse en una celda**, evitando errores y asegurando la coherencia de los datos.

Entre las restricciones más habituales se encuentran:

- Números dentro de un rango determinado.
- Fechas válidas.
- Listas desplegables con valores predefinidos.
- Longitud máxima del texto.

Además, es posible configurar mensajes de entrada y avisos de error, lo que mejora la usabilidad de la hoja de cálculo y reduce la introducción de datos incorrectos.

12.5 CONSOLIDAR

La herramienta **Consolidar** permite **resumir datos procedentes de distintos rangos o incluso de varias hojas o libros**, aplicando funciones como suma, promedio, máximo o mínimo.

Esta funcionalidad se utiliza cuando la información está distribuida en diferentes ubicaciones pero se desea obtener un resultado global, como por ejemplo:

▸ Totales mensuales agrupados en un resumen anual.

▸ Datos de distintos departamentos unificados en una sola hoja.

12.6 ANÁLISIS DE HIPÓTESIS

El **Análisis de hipótesis** agrupa herramientas que permiten **simular distintos escenarios** y observar cómo afectan a los resultados de las fórmulas.

Incluye opciones como:

▸ Administrador de escenarios.

▸ Buscar objetivo.

▸ Tablas de datos.

Estas herramientas son especialmente útiles en contextos financieros, presupuestarios o de planificación, ya que permiten anticipar resultados sin modificar los datos originales.

12.7 ESQUEMA Y AGRUPACIÓN DE DATOS

Las opciones de **Esquema** permiten **agrupar filas o columnas**, facilitando la visualización de grandes volúmenes de datos mediante niveles de detalle.

El usuario puede:

▸ Crear grupos manuales o automáticos.

▸ Expandir o contraer información.

▸ Trabajar con resúmenes sin perder acceso a los datos detallados.

Esta funcionalidad mejora la organización de la hoja y facilita el análisis progresivo de la información.

12.8 IMPORTANCIA DE LAS HERRAMIENTAS DE DATOS

El dominio de estas herramientas capacita al usuario para:

⚑ Preparar datos antes de su análisis.

⚑ Evitar errores de introducción.

⚑ Optimizar el tratamiento de grandes volúmenes de información.

⚑ Trabajar de forma eficiente y profesional con hojas de cálculo complejas.

12.9 RELACIÓN ENTRE VALIDACIÓN, ESQUEMAS Y TABLAS

Las herramientas vistas en este punto no son independientes entre sí. Al contrario, se complementan:

⚑ La validación asegura la calidad de los datos.

⚑ Las tablas organizan y estructuran la información.

⚑ Los esquemas facilitan la visualización y el análisis.

El uso combinado de estas herramientas permite trabajar con datos de forma ordenada, fiable y eficiente.

12.10 ERRORES COMUNES EN EL TRABAJO CON DATOS

Entre los errores más frecuentes se encuentran:

⚑ No validar los datos de entrada.

⚑ Mezclar datos y totales en la misma tabla.

⚑ Crear tablas con filas en blanco.

⚑ No utilizar esquemas en hojas muy extensas.

Detectar y corregir estos errores mejora notablemente la calidad del trabajo realizado en Excel.

12.11 ORDENACIÓN DE LISTAS DE DATOS POR UNO O VARIOS CAMPOS

La **ordenación de datos** permite reorganizar la información de una lista o tabla según uno o varios criterios. Esta herramienta es fundamental para analizar datos, localizar información relevante y presentar listados de forma clara y lógica. En Excel, la ordenación puede aplicarse tanto a rangos de datos como a tablas, y puede realizarse de manera sencilla o avanzada.

Ordenar datos resulta especialmente útil cuando se trabaja con:

▼ Listados extensos de registros.

▼ Información que debe presentarse por orden alfabético o numérico.

▼ Datos que requieren una jerarquía clara.

▼ Análisis comparativos.

La ordenación no modifica los valores de los datos, únicamente cambia su **posición** dentro de la lista, manteniendo la coherencia entre filas.

12.11.1 Requisitos previos para una ordenación correcta

Antes de ordenar una lista de datos, es importante comprobar:

▼ Que los datos estén organizados en filas y columnas.

▼ Que exista una fila de encabezados claramente definida.

▼ Que no haya filas o columnas vacías intermedias.

▼ Que cada columna contenga un único tipo de dato.

Cumplir estos requisitos evita errores y garantiza que la ordenación se realice correctamente.

ID de inventario	Nombre	Descripción	Precio por unidad
IN0001	Artículo 1	Desc 1	51,00 €
IN0002	Artículo 2	Desc 2	93,00 €
IN0003	Artículo 3	Desc 3	57,00 €
IN0004	Artículo 4	Desc 4	19,00 €
IN0005	Artículo 5	Desc 5	75,00 €
IN0006	Artículo 6	Desc 6	11,00 €

12.11.2 Ordenación por un solo campo

La **ordenación por un solo campo** consiste en reorganizar los datos atendiendo a una única columna. Es la forma más sencilla de ordenar una lista y se utiliza habitualmente para:

▼ Ordenar nombres alfabéticamente.

▼ Ordenar importes de menor a mayor o de mayor a menor.

▼ Ordenar fechas cronológicamente.

Excel permite elegir el sentido de la ordenación:

- Ascendente.
- Descendente.

Al aplicar la ordenación, Excel reorganiza todas las filas manteniendo la relación entre las columnas, lo que evita desajustes en la información.

12.11.3 Ordenación por varios campos

La **ordenación por varios campos** permite establecer una jerarquía de criterios. En este caso, Excel ordena primero por el campo principal y, cuando existen valores iguales, utiliza el segundo campo, y así sucesivamente.

Este tipo de ordenación es útil cuando:

- Se agrupan datos por categorías.
- Se necesita ordenar dentro de cada grupo.
- Se trabaja con listados complejos.

Por ejemplo, una lista puede ordenarse primero por departamento y, dentro de cada departamento, por apellido.

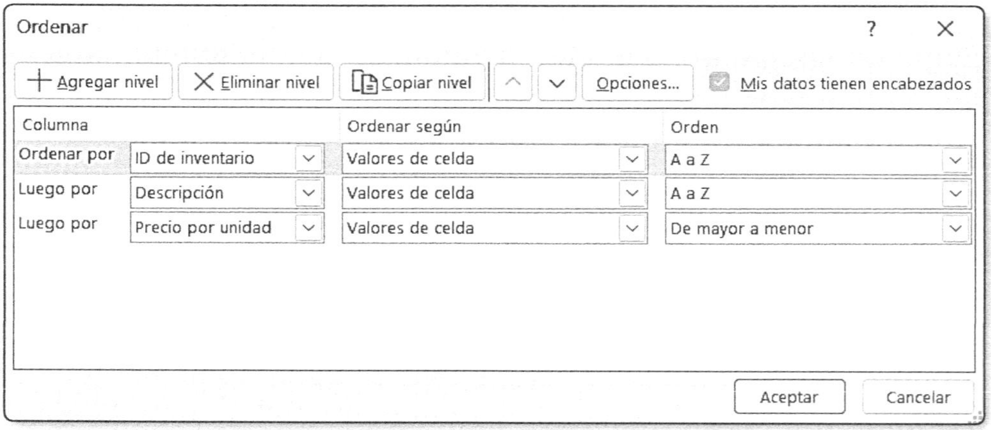

12.12 USO DE FILTROS

Los **filtros** permiten mostrar únicamente los registros que cumplen determinadas condiciones, ocultando temporalmente el resto. A diferencia de la ordenación, el filtrado no reorganiza los datos, sino que controla su visibilidad.

El uso de filtros es esencial cuando se trabaja con grandes volúmenes de información y se necesita:

▰ Localizar registros concretos.

▰ Analizar subconjuntos de datos.

▰ Trabajar con criterios temporales o categóricos.

▰ Simplificar la visualización de listas extensas.

12.12.1 Concepto de filtro

Un filtro actúa como un criterio de selección aplicado a una columna. Solo se muestran las filas que cumplen el criterio establecido, mientras que las demás permanecen ocultas.

El filtrado es una operación reversible, ya que en cualquier momento se pueden quitar los filtros y volver a mostrar todos los datos.

12.12.2 Activación de filtros en una lista o tabla

Excel permite activar filtros de forma sencilla:

▰ En listas normales.

▰ En tablas de datos, donde los filtros se activan automáticamente.

Una vez activados, cada encabezado de columna muestra un control que permite definir los criterios de filtrado.

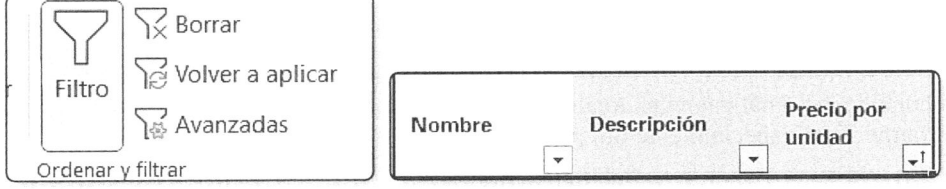

12.12.3 Tipos de filtros más habituales

Entre los filtros más utilizados se encuentran:

Filtros por valor, que permiten mostrar solo:

▰ Valores concretos.

▰ Rangos de valores.

▰ Valores mayores, menores o iguales a un criterio.

Filtros por texto, que permiten:

▰ Buscar coincidencias.

▰ Filtrar por inicio o contenido del texto.

Filtros por fecha, que facilitan:

▹ Filtrar por periodos.

▹ Mostrar registros de un mes o año concreto.

Estos filtros permiten un análisis rápido y flexible de la información.

12.12.4 Uso combinado de filtros

Es posible aplicar filtros en varias columnas simultáneamente. En este caso, Excel muestra únicamente las filas que cumplen **todos los criterios establecidos**.

Este uso combinado es especialmente útil para realizar búsquedas complejas sin necesidad de crear nuevas hojas o eliminar datos.

12.12.5 Eliminación y gestión de filtros

Una vez finalizado el análisis, los filtros pueden:

▹ Desactivarse individualmente.

▹ Eliminarse completamente.

▹ Modificarse para aplicar nuevos criterios.

Es importante recordar que los filtros no eliminan datos, solo afectan a su visualización.

12.13 SUBTOTALES

Los **subtotales** permiten resumir información dentro de una lista de datos organizada, calculando automáticamente totales parciales según un criterio de agrupación. Esta herramienta es especialmente útil para analizar datos por categorías.

Los subtotales se utilizan habitualmente para:

▹ Obtener totales por grupo.

▹ Analizar resultados parciales.

▹ Crear informes resumidos.

▹ Trabajar con grandes listados estructurados.

12.13.1 Requisitos previos para usar subtotales

Antes de aplicar subtotales, es imprescindible:

▹ Que la lista esté ordenada por el campo de agrupación.

▹ Que no existan filas en blanco dentro del rango.

▹ Que los encabezados estén correctamente definidos.

No cumplir estos requisitos puede provocar resultados incorrectos.

12.13.2 Aplicación de subtotales

Al aplicar subtotales, Excel:

▶ Inserta filas adicionales con los cálculos parciales.

▶ Crea automáticamente un esquema.

▶ Permite alternar entre vista detallada y vista resumida.

Los cálculos de subtotales pueden incluir operaciones como:

▶ Suma.

▶ Promedio.

▶ Conteo.

▶ Máximo o mínimo.

12.13.3 Visualización de subtotales mediante esquemas

Una vez aplicados los subtotales, Excel genera un esquema que permite:

▶ Mostrar solo los totales generales.

▶ Mostrar totales por grupo.

▶ Mostrar el detalle completo.

Esta funcionalidad facilita el análisis progresivo de los datos.

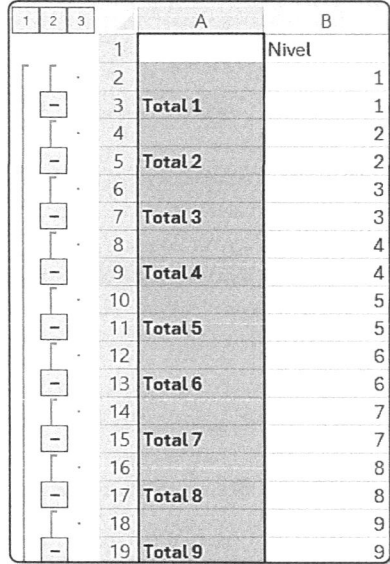

12.13.4 Modificación y eliminación de subtotales

Los subtotales pueden:

⚑ Modificarse cambiando la función aplicada.

⚑ Reemplazarse por otros subtotales.

⚑ Eliminarse completamente para recuperar la lista original.

Eliminar los subtotales no borra los datos originales, solo elimina las filas y el esquema creados automáticamente.

12.14 RELACIÓN ENTRE ORDENACIÓN, FILTROS Y SUBTOTALES

Estas tres herramientas están estrechamente relacionadas:

⚑ La ordenación organiza los datos.

⚑ Los filtros permiten analizarlos selectivamente.

⚑ Los subtotales resumen la información agrupada.

El uso combinado de estas opciones permite trabajar con listas de datos complejas de forma eficiente y controlada, mejorando la capacidad de análisis y la claridad de la información.

ACTIVIDADES

Actividad 1. Ordenación y filtrado de datos

A partir de una lista de datos, **ordena la información** por uno y por varios campos y aplica **filtros** para mostrar únicamente los registros que cumplan determinados criterios.

Actividad 2. Subtotales y esquemas

Aplica **subtotales** a una lista ordenada por categorías y utiliza el **esquema** generado para alternar entre la vista resumida y el detalle completo de los datos.

13

UTILIZACIÓN DE LAS HERRAMIENTAS DE REVISIÓN Y TRABAJO CON LIBROS COMPARTIDOS EN MICROSOFT EXCEL

El trabajo colaborativo con hojas de cálculo es una realidad habitual en entornos profesionales. En muchas organizaciones, un mismo archivo de Excel es utilizado, revisado o modificado por varias personas, ya sea de forma simultánea o en distintos momentos del tiempo. Para dar respuesta a esta necesidad, Microsoft Excel incorpora **herramientas específicas de revisión, control y protección**, diseñadas para facilitar el trabajo compartido y reducir errores derivados de modificaciones no controladas.

Este punto aborda el uso de las principales herramientas de revisión y colaboración disponibles en Excel, centrándose en:

▼ Inserción y gestión de comentarios.

▼ Control y seguimiento de cambios.

▼ Comparación de documentos.

▼ Protección de hojas y libros.

▼ Trabajo con libros compartidos.

El objetivo es que el usuario adquiera una visión clara y práctica de cómo **revisar, controlar y proteger la información** cuando una hoja de cálculo es utilizada por varias personas.

13.1 IMPORTANCIA DE LA REVISIÓN Y EL TRABAJO COMPARTIDO

Cuando un archivo de Excel es utilizado por una sola persona, el control de los cambios es relativamente sencillo. Sin embargo, cuando el archivo se comparte:

▼ Aumenta el riesgo de errores.

▼ Se pueden perder datos importantes.

▼ Es más difícil identificar quién ha realizado una modificación.

▼ Pueden producirse conflictos entre versiones.

Las herramientas de revisión permiten:

- Documentar cambios.
- Añadir aclaraciones.
- Controlar quién puede modificar qué.
- Proteger información sensible.
- Mantener la integridad del documento.

En Excel, estas herramientas están integradas de forma que puedan utilizarse tanto en archivos locales como en archivos almacenados en la nube.

13.2 INSERCIÓN DE COMENTARIOS

Los **comentarios** permiten añadir observaciones, aclaraciones o indicaciones a una celda sin modificar su contenido. Son especialmente útiles para:

- Explicar datos.
- Solicitar revisiones.
- Dejar instrucciones.
- Comunicar cambios a otros usuarios.

13.2.1 Diferencia entre datos y comentarios

Es fundamental que el lector comprenda que:

- El comentario no altera el valor de la celda.
- No afecta a fórmulas ni cálculos.
- No se imprime por defecto (salvo configuración específica).
- Sirve como elemento informativo o comunicativo.

Esta separación entre dato y comentario evita errores y mantiene la hoja limpia y funcional.

13.2.2 Inserción de un comentario

Para insertar un comentario en Excel:

- Se selecciona la celda correspondiente.
- Se utiliza la opción de insertar comentario.
- Se escribe el texto deseado.

Una vez insertado, el comentario queda asociado a la celda y puede visualizarse al seleccionarla o al pasar el cursor por encima, según configuración.

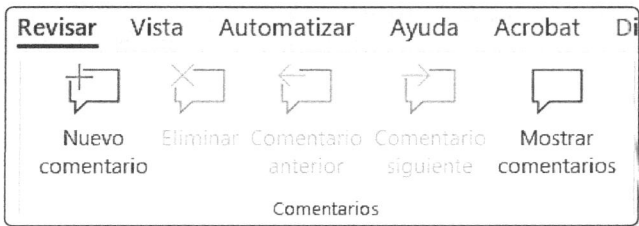

13.2.3 Edición y eliminación de comentarios

Los comentarios pueden:

▸ Editarse para actualizar la información.

▸ Eliminarse cuando ya no son necesarios.

Es importante eliminar comentarios obsoletos para evitar confusiones, especialmente en documentos compartidos durante largos periodos de tiempo.

13.2.4 Uso correcto de los comentarios

Recomendaciones en el uso de comentarios:

▸ Ser claros y concisos.

▸ Evitar comentarios ambiguos.

▸ No utilizar comentarios como sustituto de datos.

▸ Revisarlos periódicamente.

13.3 CONTROL DE CAMBIOS EN UN LIBRO DE EXCEL

El **control de cambios** permite registrar las modificaciones realizadas en un archivo, facilitando su seguimiento y revisión. Aunque Excel ha evolucionado hacia modelos de colaboración en tiempo real, sigue siendo fundamental comprender el concepto de control de cambios.

El control de cambios resulta útil para:

▸ Revisar modificaciones realizadas por otros usuarios.

▸ Aceptar o rechazar cambios.

▸ Mantener un historial de ediciones.

13.4 PROTECCIÓN DE UNA HOJA DE CÁLCULO

La **protección de hojas** permite limitar las acciones que pueden realizar los usuarios sobre una hoja concreta. Esta herramienta es clave para evitar modificaciones accidentales o no autorizadas.

13.4.1 Concepto de protección de hoja

Cuando una hoja está protegida:

- Se pueden bloquear celdas específicas.
- Se puede permitir o restringir determinadas acciones.
- Se mantiene la estructura de la hoja.

La protección no elimina datos, solo controla el acceso y la edición.

13.4.2 Configuración de la protección

Al proteger una hoja, Excel permite:

- Definir una contraseña.
- Elegir qué acciones están permitidas.
- Determinar qué celdas pueden editarse.

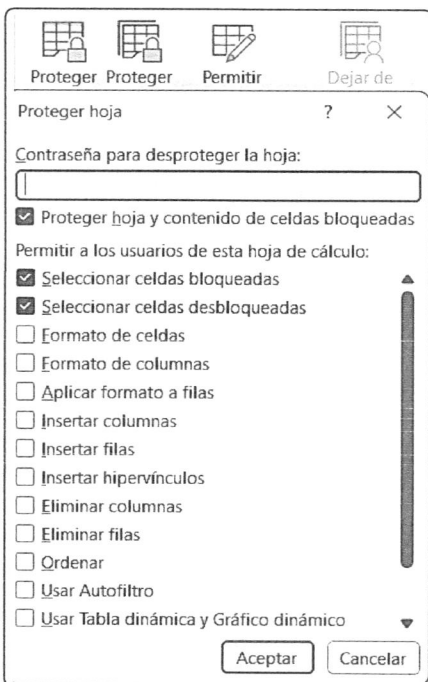

13.4.3 Uso adecuado de la protección

La protección es recomendable cuando:

- La hoja contiene fórmulas importantes.
- El archivo será usado por personal no experto.
- Se desea preservar la estructura del documento.

13.5 PROTECCIÓN DE UN LIBRO COMPLETO

Además de proteger hojas individuales, Excel permite **proteger el libro completo**, evitando cambios en su estructura.

13.5.1 Qué protege la protección del libro

La protección del libro permite:

- Evitar la inserción o eliminación de hojas.
- Impedir el cambio de nombre de hojas.
- Mantener la estructura del archivo.

Esta opción es útil en documentos con estructura fija.

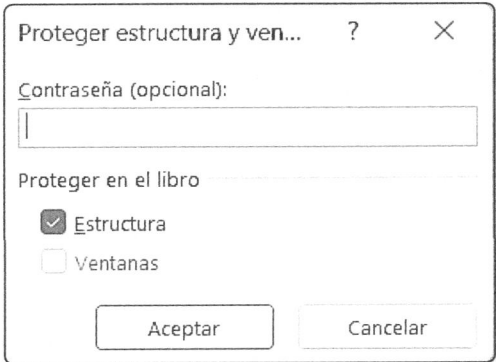

13.6 TRABAJO CON LIBROS COMPARTIDOS

Los **libros compartidos** permiten que varias personas trabajen sobre el mismo archivo. En Excel, esta funcionalidad se ha reforzado especialmente cuando los archivos se almacenan en entornos compartidos.

13.6.1 Concepto de libro compartido

Un libro compartido es aquel que:

- Puede ser editado por varios usuarios.
- Permite ver cambios en tiempo real o diferido.
- Facilita la colaboración.

13.6.2 Ventajas del trabajo compartido

Entre las principales ventajas destacan:

- Ahorro de tiempo.
- Reducción de duplicidades.
- Mejora de la comunicación.
- Actualización constante de la información.

13.6.3 Riesgos del trabajo compartido

También existen riesgos si no se gestiona correctamente:

- Conflictos de edición.
- Pérdida de información.
- Errores no detectados.

Por ello, es importante combinar el trabajo compartido con herramientas de revisión y protección.

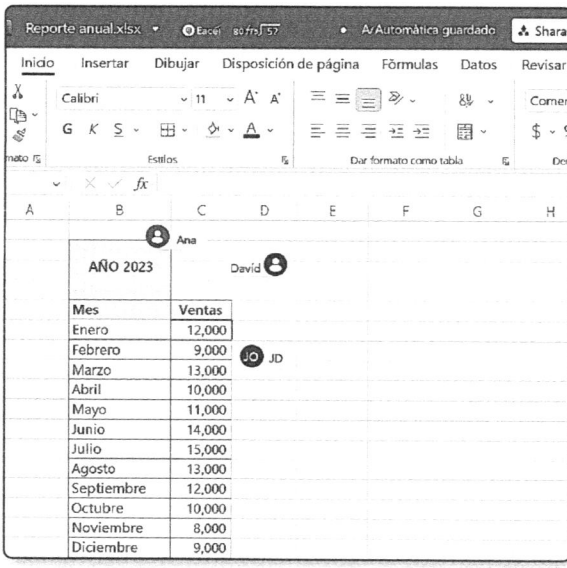

13.7 GESTIÓN DE CONFLICTOS EN DOCUMENTOS COMPARTIDOS

Cuando varias personas trabajan sobre un mismo libro de Excel, especialmente de forma simultánea, pueden producirse **conflictos de edición**. Un conflicto aparece cuando dos o más usuarios modifican el mismo elemento del documento (una celda, una fórmula o una estructura) al mismo tiempo o antes de que los cambios se sincronicen correctamente.

La correcta gestión de estos conflictos es esencial para evitar la pérdida de información y garantizar la coherencia del documento final.

13.7.1 Concepto de conflicto de edición

Un conflicto de edición se produce cuando Excel detecta que existen **dos versiones distintas de un mismo dato** y no puede decidir automáticamente cuál debe conservarse. Esto puede suceder, por ejemplo, cuando:

▼ Dos usuarios editan la misma celda casi simultáneamente.

▼ Un usuario trabaja sin conexión y guarda cambios posteriormente.

▼ Se realizan modificaciones estructurales mientras otro usuario edita datos.

Excel está diseñado para minimizar estos conflictos, pero es importante que el usuario conozca cómo identificarlos y resolverlos.

13.7.2 Detección de conflictos

Cuando se produce un conflicto, Excel puede:

▼ Mostrar un aviso al usuario.

▼ Solicitar que se elija qué cambio conservar.

▼ Crear versiones alternativas del contenido.

El usuario debe revisar cuidadosamente las opciones antes de confirmar una decisión, especialmente en documentos críticos.

13.7.3 Resolución de conflictos

Para resolver un conflicto, Excel permite:

- Aceptar el cambio propio.
- Aceptar el cambio de otro usuario.
- Revisar ambas versiones antes de decidir.

La elección debe basarse en:

- La coherencia del dato.
- La actualización más reciente.
- La finalidad del documento.

Una buena práctica es **comunicar previamente** los cambios importantes cuando se trabaja en equipo, para reducir la aparición de conflictos.

13.8 HISTORIAL DE VERSIONES

El **historial de versiones** es una de las herramientas más valiosas del trabajo colaborativo en Excel. Permite acceder a versiones anteriores del documento y restaurarlas si es necesario.

Esta funcionalidad resulta especialmente útil cuando:

- Se detecta un error grave tras una modificación.
- Se desea recuperar información eliminada.
- Se necesita comparar el estado actual con versiones anteriores.

13.8.1 Qué es una versión de un documento

Una versión es una **instantánea del archivo en un momento concreto**, que incluye:

- Datos.
- Fórmulas.
- Estructura.
- Formato.

Excel guarda versiones automáticamente cuando el archivo se almacena en un entorno compartido.

13.8.2 Acceso al historial de versiones

El historial de versiones puede consultarse desde las opciones del archivo. Una vez abierto, el usuario puede:

- Ver la fecha y hora de cada versión.
- Identificar quién realizó cambios.
- Abrir una versión anterior para revisarla.

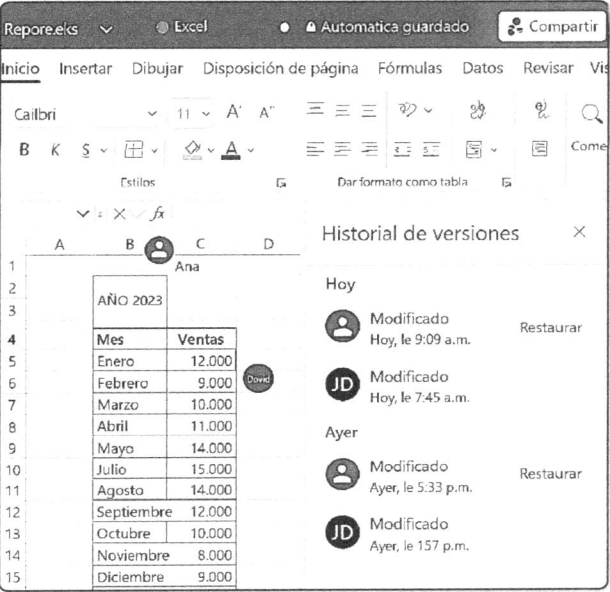

13.8.3 Restauración de versiones anteriores

Excel permite restaurar una versión anterior del documento. Al hacerlo:

▰ El contenido actual se reemplaza por la versión seleccionada.

▰ Se conserva el historial, permitiendo volver atrás si fuera necesario.

Esta función actúa como un sistema de seguridad ante errores humanos.

13.9 COMPARACIÓN AVANZADA DE CAMBIOS

Además de la comparación básica entre documentos, Excel permite realizar **análisis más detallados de los cambios** cuando se trabaja con versiones diferentes de un mismo archivo.

13.9.1 Tipos de cambios comparables

Al comparar versiones, pueden detectarse cambios en:

▰ Valores numéricos.

▰ Textos.

▰ Fórmulas.

▰ Referencias.

▰ Formato de celdas.

▰ Estructura de hojas.

Esta comparación es especialmente útil en procesos de revisión y auditoría interna.

13.9.2 Interpretación de los resultados

El usuario debe aprender a interpretar correctamente los resultados de una comparación, distinguiendo entre:

- Cambios intencionados.
- Cambios accidentales.
- Cambios irrelevantes.

No todos los cambios detectados implican un error; algunos forman parte de la evolución normal del documento.

13.10　PROTECCIÓN AVANZADA DE HOJAS Y LIBROS

Además de la protección básica, Excel permite aplicar **protecciones más avanzadas** para reforzar la seguridad del documento.

13.10.1 Protección selectiva de celdas

Es posible:

- Bloquear solo determinadas celdas.
- Permitir la edición de otras.
- Proteger fórmulas manteniendo visibles los resultados.

Esta protección selectiva es muy útil en hojas que combinan:

- Zonas de entrada de datos.
- Zonas de cálculo.
- Zonas informativas.

13.10.2 Protección con contraseña

Las contraseñas permiten:

- Limitar el acceso a modificaciones.
- Proteger la estructura del documento.
- Evitar cambios no autorizados.

Es importante gestionar correctamente las contraseñas para evitar la pérdida de acceso al archivo.

13.10.3 Limitaciones de la protección

La protección de Excel no debe entenderse como un sistema de seguridad absoluta, sino como una herramienta de control. Su función principal es:

- Evitar errores accidentales.
- Disuadir modificaciones no autorizadas.
- Mantener la integridad estructural.

13.11 RECOMENDACIONES EN EL TRABAJO COLABORATIVO

Para trabajar eficazmente con libros compartidos en Excel, es recomendable seguir una serie de buenas prácticas.

13.11.1 Organización previa del documento

Antes de compartir un archivo:

- Definir claramente su estructura.
- Proteger celdas críticas.
- Establecer zonas de entrada de datos.
- Eliminar información innecesaria.

Una buena organización reduce errores y conflictos.

13.11.2 Comunicación entre usuarios

El uso de comentarios y mensajes claros facilita:

- La coordinación del trabajo.
- La resolución de dudas.
- La identificación de responsabilidades.

La comunicación es tan importante como la herramienta.

13.11.3 Revisión periódica del documento

Es recomendable:

- Revisar cambios regularmente.
- Comprobar fórmulas críticas.
- Validar datos introducidos por otros usuarios.

Esta revisión continua mejora la calidad del resultado final.

13.12 CASOS PRÁCTICOS DE TRABAJO COMPARTIDO

En la práctica profesional, el trabajo compartido con Excel se utiliza en múltiples contextos, como:

- Presupuestos colaborativos.
- Listados de seguimiento.
- Informes periódicos.
- Control de proyectos.

En todos estos casos, las herramientas de revisión y protección juegan un papel clave para garantizar la fiabilidad de la información.

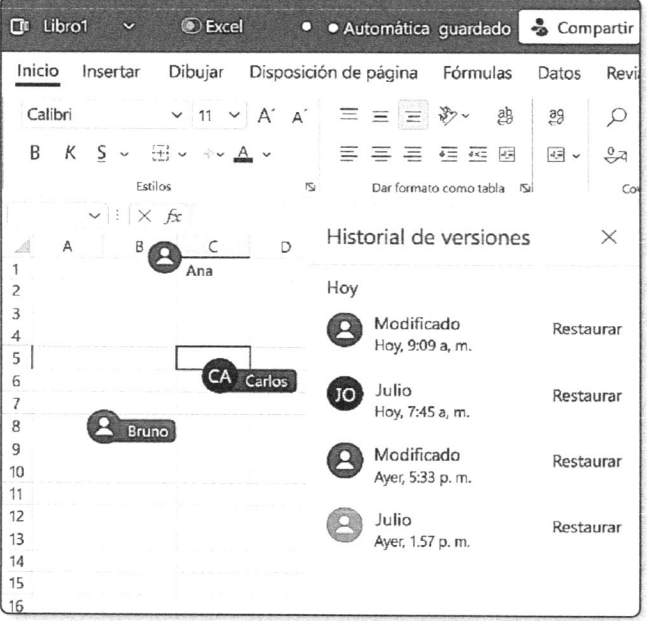

13.13 ERRORES COMUNES EN DOCUMENTOS COMPARTIDOS

Algunos errores frecuentes son:

- No proteger fórmulas importantes.
- Editar simultáneamente sin coordinación.
- Ignorar avisos de conflicto.
- No revisar el historial de versiones.

Conocer estos errores permite evitarlos y mejorar el trabajo en equipo.

ACTIVIDADES

Actividad 1. Comentarios y revisión de cambios

Inserta **comentarios** en varias celdas de una hoja de Excel y revisa las **modificaciones realizadas** en el documento, identificando los cambios efectuados.

Actividad 2. Protección y trabajo compartido

Protege una **hoja de cálculo** para impedir la modificación de fórmulas y comparte el libro para su uso colaborativo, comprobando el **historial de versiones** y la gestión básica de cambios.

14

IMPORTACIÓN DE DATOS DESDE OTRAS APLICACIONES DEL PAQUETE OFIMÁTICO EN MICROSOFT EXCEL

La importación de datos desde otras aplicaciones es una de las funciones más importantes de Microsoft Excel en entornos profesionales. En la práctica, la información con la que se trabaja rara vez se genera íntegramente dentro de una sola aplicación. Es habitual que los datos procedan de documentos de texto, hojas de cálculo previas, bases de datos, presentaciones u otras fuentes externas.

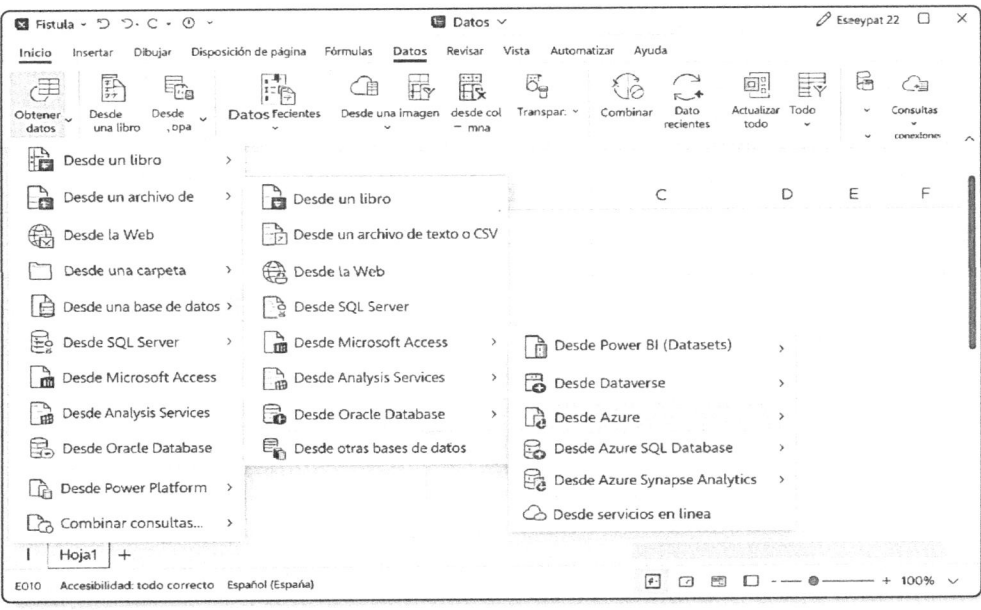

Excel actúa como una **herramienta centralizadora de información**, capaz de recibir datos desde múltiples aplicaciones del paquete ofimático y organizarlos para su posterior análisis, tratamiento y presentación. Dominar estas opciones de importación permite:

▼ Evitar la duplicación de trabajo.

▼ Reducir errores derivados de la introducción manual de datos.

▼ Mantener la coherencia de la información.

▼ Actualizar datos procedentes de otras fuentes.

Este punto aborda la importación de datos desde:

▼ Bases de datos.

▼ Presentaciones.

▼ Documentos de texto.

14.1 CONCEPTO DE IMPORTACIÓN DE DATOS EN EXCEL

La **importación de datos** consiste en incorporar información generada en otra aplicación o sistema dentro de una hoja de cálculo de Excel, conservando su estructura básica y permitiendo su posterior manipulación.

Importar datos no significa únicamente copiar y pegar información. Excel ofrece mecanismos que permiten:

▼ Mantener formatos.

▼ Conservar estructuras.

▼ Actualizar datos importados.

▼ Establecer vínculos entre archivos.

Comprender esta diferencia es fundamental para utilizar correctamente las herramientas de importación.

14.2 IMPORTACIÓN DESDE BASES DE DATOS

Las **bases de datos** son uno de los orígenes más habituales de información estructurada. En entornos administrativos y empresariales, gran parte de los datos se almacenan en sistemas de bases de datos que posteriormente deben analizarse o resumirse mediante Excel.

14.2.1 Características de los datos procedentes de bases de datos

Los datos procedentes de bases de datos suelen:

▰ Estar altamente estructurados.

▰ Organizarse en tablas relacionadas.

▰ Contener grandes volúmenes de registros.

▰ Seguir reglas estrictas de integridad.

Excel permite importar este tipo de datos respetando su estructura y facilitando su análisis posterior.

14.2.2 Proceso general de importación desde una base de datos

El proceso de importación desde una base de datos implica normalmente:

▰ Seleccionar la fuente de datos.

▰ Establecer una conexión.

▰ Elegir las tablas o consultas necesarias.

▰ Definir cómo se cargarán los datos en la hoja de cálculo.

Una vez importados, los datos pueden tratarse como cualquier otra tabla de Excel.

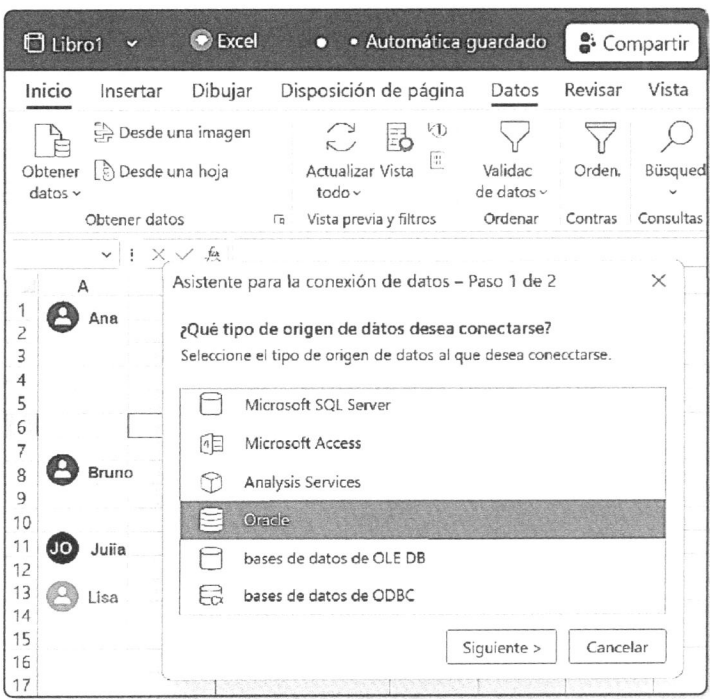

14.2.3 Ventajas de importar datos frente a copiarlos manualmente

Importar datos desde una base de datos ofrece ventajas claras:

- Reducción de errores.
- Ahorro de tiempo.
- Posibilidad de actualización automática.
- Conservación de la estructura original.

Estas ventajas hacen que la importación sea la opción preferente en entornos profesionales.

14.2.4 Actualización de datos importados

Una vez importados, los datos pueden actualizarse si la base de datos original cambia. Excel permite:

- Refrescar los datos.
- Mantener el vínculo con la fuente.
- Evitar la reimportación manual.

Esta funcionalidad es especialmente útil en informes periódicos.

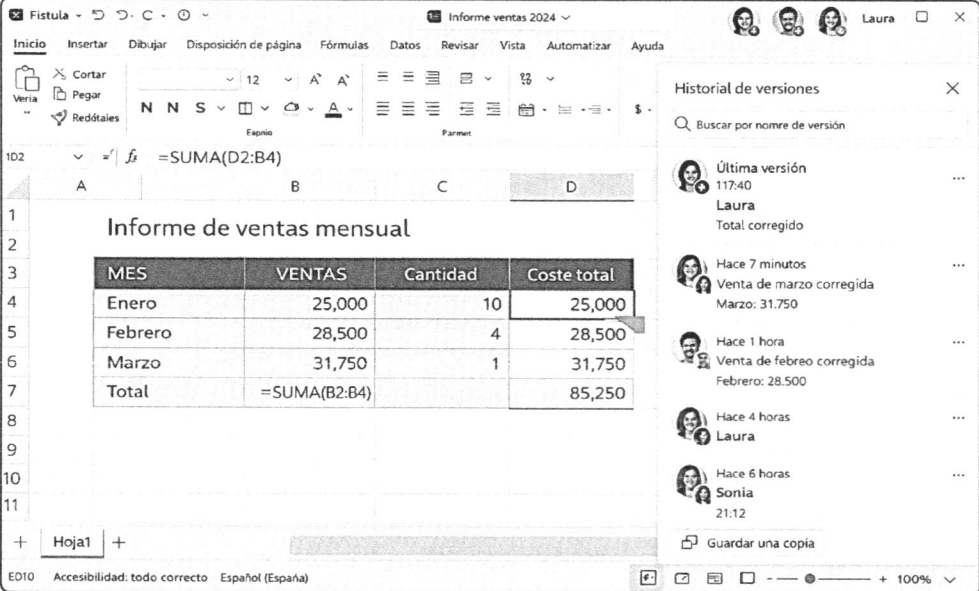

14.3 IMPORTACIÓN DESDE PRESENTACIONES

Aunque las **presentaciones** no son una fuente típica de datos numéricos, en muchos casos contienen tablas, listados o información estructurada que puede ser útil en Excel.

14.3.1 Tipo de información importable desde presentaciones

Desde una presentación pueden importarse:

▼ Tablas.

▼ Listados.

▼ Datos resumidos.

▼ Información estructurada mostrada en diapositivas.

Este tipo de importación suele realizarse mediante copia y pegado avanzado o inserción de objetos.

14.3.2 Inserción de datos de presentaciones en Excel

Excel permite:

▼ Pegar datos conservando formato.

▼ Pegar solo valores.

▼ Insertar objetos vinculados.

La elección del método depende de si se desea mantener un vínculo con la presentación original.

14.3.3 Tratamiento de los datos importados

Una vez importados, los datos deben:

▼ Ajustarse a la estructura de la hoja.

▼ Revisarse para eliminar formatos innecesarios.

▼ Integrarse con otros datos existentes.

Este paso es clave para garantizar la coherencia del documento final.

14.4 IMPORTACIÓN DESDE DOCUMENTOS DE TEXTO

Los **documentos de texto** son una de las fuentes más comunes de información que posteriormente se necesita analizar en Excel.

Pueden contener:

- ⚑ Listados.
- ⚑ Tablas.
- ⚑ Informes.
- ⚑ Registros estructurados.

14.4.1 Tipos de documentos de texto

Los documentos de texto pueden ser:

- ⚑ Documentos con formato.
- ⚑ Archivos de texto plano.
- ⚑ Informes exportados desde otras aplicaciones.

Excel ofrece distintas opciones de importación según el tipo de documento.

14.4.2 Importación de tablas desde documentos de texto

Cuando un documento contiene tablas bien definidas, Excel puede:

- ⚑ Reconocer filas y columnas.
- ⚑ Importar los datos respetando su estructura.
- ⚑ Convertirlos en tablas de Excel.

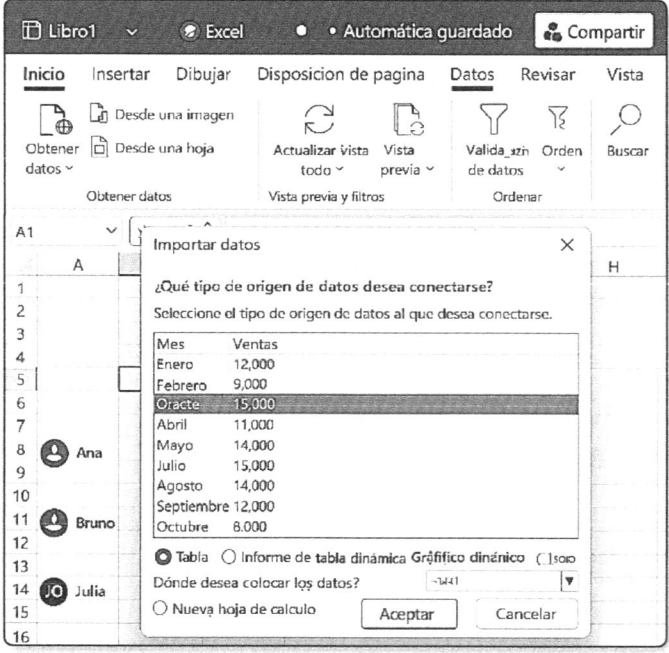

14.4.3 Importación de texto delimitado

En el caso de archivos de texto plano, los datos suelen estar separados por:

- Comas.
- Puntos y coma.
- Tabulaciones.

Excel permite especificar el delimitador para convertir correctamente el texto en columnas.

Este tipo de importación es muy habitual cuando los datos proceden de exportaciones automáticas.

14.4.4 Revisión de los datos importados

Tras la importación, es imprescindible:

- Revisar la correcta separación de columnas.
- Verificar los tipos de datos.
- Ajustar formatos si es necesario.

Este proceso garantiza que los datos estén listos para su análisis.

14.5 PROBLEMAS HABITUALES EN LA IMPORTACIÓN DE DATOS

Al importar datos desde otras aplicaciones pueden surgir problemas como:

- Desajustes de formato.
- Conversión incorrecta de fechas o números.
- Pérdida de encabezados.
- Inclusión de datos innecesarios.

Identificar estos problemas y saber corregirlos forma parte del aprendizaje práctico del uso de Excel.

14.6 RECOMENDACIONES EN LA IMPORTACIÓN DE DATOS

Algunas recomendaciones clave son:

- Revisar siempre los datos importados.
- Limpiar formatos innecesarios.
- Utilizar tablas para estructurar la información.
- Documentar el origen de los datos.
- Mantener consistencia en los tipos de datos.

14.7 IMPORTACIÓN AVANZADA DE DATOS Y VÍNCULOS ENTRE APLICACIONES

Además de la importación puntual de información, Excel permite establecer **vínculos dinámicos** con datos procedentes de otras aplicaciones del paquete ofimático. Estos vínculos permiten que la información importada se actualice automáticamente cuando cambian los datos de origen, evitando así procesos manuales repetitivos.

La importación avanzada se utiliza principalmente cuando:

- ▶ Los datos se actualizan periódicamente.
- ▶ El archivo de Excel funciona como informe o cuadro de mando.
- ▶ Se necesita coherencia permanente entre distintas aplicaciones.
- ▶ Se trabaja con información viva que no debe duplicarse.

Comprender la diferencia entre **datos importados estáticos** y **datos vinculados** es fundamental para utilizar correctamente estas opciones.

14.8 CONCEPTO DE VÍNCULO DE DATOS

Un **vínculo de datos** es una conexión establecida entre un archivo de Excel y una fuente externa de información. En lugar de copiar los datos, Excel mantiene una referencia a su origen y puede actualizar el contenido cuando sea necesario.

Un vínculo puede establecerse con:

- ▶ Otros libros de Excel.
- ▶ Bases de datos.
- ▶ Documentos de texto.
- ▶ Otras aplicaciones del paquete ofimático.

Este tipo de conexión es especialmente útil en entornos donde se generan informes periódicos a partir de datos comunes.

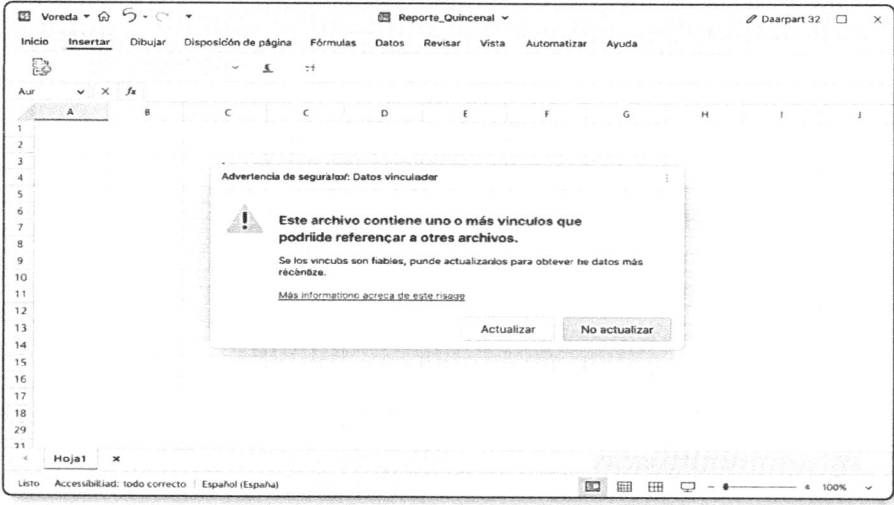

14.9 VENTAJAS Y RIESGOS DE LOS DATOS VINCULADOS

El uso de datos vinculados presenta numerosas ventajas, pero también requiere precaución.

Entre las **ventajas** destacan:

- Actualización automática de la información.
- Eliminación de duplicidades.
- Reducción de errores de transcripción.
- Ahorro de tiempo en procesos repetitivos.

Entre los **riesgos** se encuentran:

- Dependencia de la fuente original.
- Errores si la fuente se modifica o elimina.
- Necesidad de controlar permisos y accesos.
- Posibles problemas de compatibilidad entre versiones.

Por ello, es importante evaluar cuándo conviene utilizar vínculos y cuándo es preferible trabajar con datos importados de forma estática.

14.10 ACTUALIZACIÓN DE DATOS IMPORTADOS Y VINCULADOS

Excel permite actualizar los datos importados o vinculados de forma manual o automática. Esta funcionalidad es clave cuando se trabaja con información que cambia con frecuencia.

14.10.1 Actualización manual de datos

La actualización manual permite al usuario decidir cuándo refrescar los datos. Esta opción es recomendable cuando:

- Se quiere controlar el momento de la actualización.
- La fuente de datos no siempre está disponible.
- Se desea revisar cambios antes de aplicarlos.

14.10.2 Actualización automática

En algunos casos, Excel puede configurarse para actualizar los datos automáticamente al abrir el archivo o en intervalos definidos. Esta opción es útil para informes periódicos, pero debe utilizarse con cuidado para evitar sobrecargas o errores.

14.10.3 Gestión de errores en la actualización

Cuando Excel no puede actualizar los datos, puede mostrar avisos o errores. Las causas más habituales son:

- Archivo de origen no disponible.
- Cambios en la estructura de la fuente.
- Falta de permisos.
- Problemas de conexión.

El usuario debe aprender a interpretar estos mensajes y a tomar decisiones adecuadas.

14.11　INTEGRACIÓN DE DATOS IMPORTADOS CON FÓRMULAS Y TABLAS

Una vez importados, los datos no deben considerarse aislados. Excel permite integrarlos plenamente con el resto de herramientas de la hoja de cálculo.

14.11.1 Conversión de datos importados en tablas

Es altamente recomendable convertir los datos importados en **tablas de Excel**, ya que esto permite:

- Aplicar filtros y ordenaciones.
- Utilizar referencias estructuradas.
- Facilitar la actualización de fórmulas.
- Mejorar la legibilidad del documento.

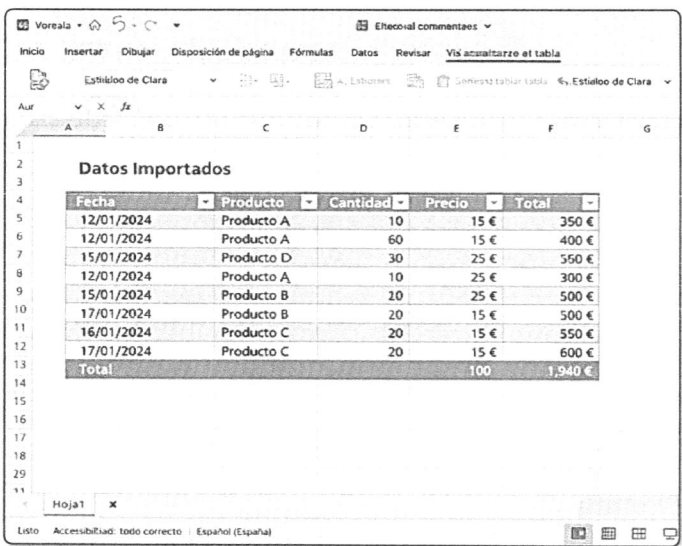

14.11.2 Uso de fórmulas sobre datos importados

Los datos importados pueden utilizarse en:

▰ Fórmulas matemáticas.

▰ Funciones de resumen.

▰ Cálculos comparativos.

▰ Informes dinámicos.

Es importante asegurarse de que los tipos de datos sean correctos (número, texto, fecha) para evitar errores en los cálculos.

14.11.3 Dependencia entre datos importados y cálculos

Cuando los datos importados se utilizan en fórmulas, cualquier actualización puede afectar a los resultados. Por ello, es recomendable:

▰ Verificar los cálculos tras cada actualización.

▰ Documentar la relación entre datos y resultados.

▰ Proteger fórmulas críticas.

14.12 IMPORTACIÓN COMBINADA DE MÚLTIPLES FUENTES

En entornos reales, es habitual que un mismo libro de Excel integre datos procedentes de varias fuentes distintas. Excel permite combinar información de:

▰ Bases de datos.

▰ Documentos de texto.

▰ Otras hojas de cálculo.

▰ Exportaciones automáticas.

Esta integración permite crear documentos complejos y completos, pero requiere una planificación adecuada.

14.12.1 Organización de los datos importados

Para evitar confusión, se recomienda:

▰ Separar cada origen de datos en hojas distintas.

▰ Nombrar claramente las hojas.

▰ Documentar el origen de cada conjunto de datos.

▰ Evitar mezclar datos sin relación.

14.12.2 Consolidación de datos

Una vez importados, los datos pueden consolidarse mediante:

▸ Fórmulas.

▸ Tablas.

▸ Herramientas de resumen.

La consolidación permite obtener una visión global a partir de múltiples fuentes.

14.13 PROBLEMAS FRECUENTES EN LA INTEGRACIÓN DE DATOS

Al trabajar con datos importados desde distintas aplicaciones pueden surgir problemas como:

▸ Incompatibilidad de formatos.

▸ Diferencias en criterios de clasificación.

▸ Duplicidad de registros.

▸ Inconsistencias en los encabezados.

Detectar estos problemas forma parte del trabajo habitual con Excel y requiere atención y método.

14.14 SEGURIDAD Y CONTROL EN LA IMPORTACIÓN DE DATOS

La importación de datos implica también aspectos de seguridad y control, especialmente cuando los archivos se comparten.

Es recomendable:

▸ Verificar el origen de los datos.

▸ Evitar archivos de procedencia desconocida.

▸ Proteger hojas con datos sensibles.

▸ Limitar permisos de edición.

Estas medidas ayudan a preservar la integridad del documento y la seguridad de la información.

14.15 CASOS PRÁCTICOS DE IMPORTACIÓN EN ENTORNOS PROFESIONALES

Algunos ejemplos habituales de uso de la importación en Excel son:

- Importación de listados de clientes desde una base de datos.
- Integración de informes de ventas generados en otras aplicaciones.
- Análisis de datos exportados desde sistemas externos.
- Consolidación de información procedente de distintos departamentos.

Estos casos reflejan la importancia de dominar las herramientas de importación.

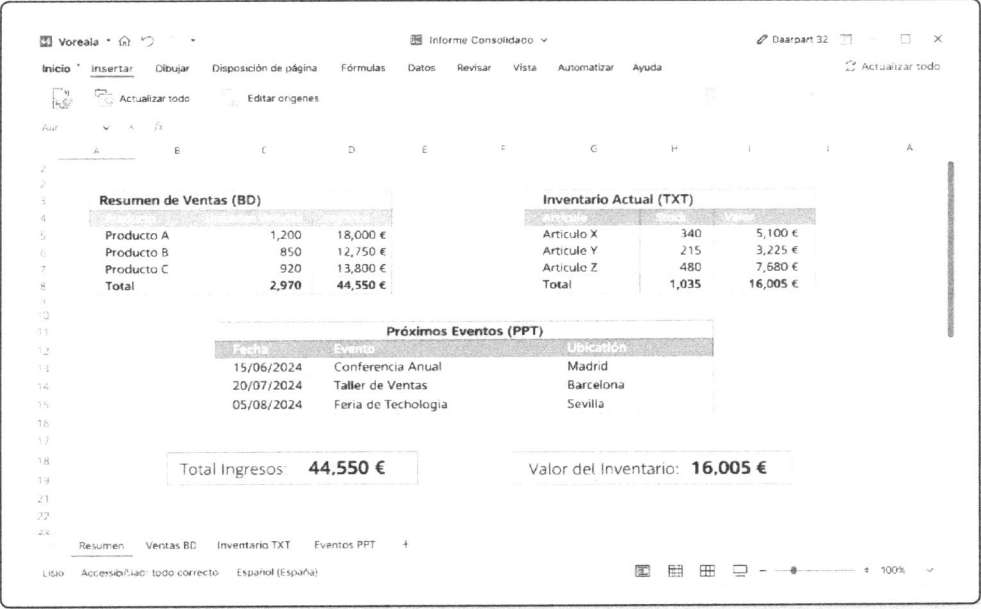

14.16 ERRORES COMUNES EN LA IMPORTACIÓN DE DATOS

Entre los errores más frecuentes destacan:

- No revisar los datos tras la importación.
- Confiar ciegamente en la estructura importada.
- No documentar el origen de los datos.
- Mezclar datos sin coherencia.

Evitar estos errores mejora la calidad del trabajo realizado.

ACTIVIDADES

Actividad 1. Importación de datos desde un documento de texto y estructuración en Excel

El lector trabajará con un archivo de texto que contiene información estructurada y la importará en Excel, ajustando su formato y estructura.

Pasos a realizar:

1. Abrir un libro nuevo en Excel.
2. Acceder a la opción de importación de datos desde un archivo de texto.
3. Seleccionar un archivo de texto que contenga una lista de registros separados por delimitadores.
4. Indicar el delimitador correcto para separar la información en columnas.
5. Revisar la vista previa del resultado antes de completar la importación.
6. Confirmar la importación y comprobar que los datos se han distribuido correctamente.
7. Convertir el rango importado en una tabla de Excel.
8. Revisar los tipos de datos de cada columna y corregirlos si es necesario.
9. Guardar el archivo.

Actividad 2. Importación y actualización de datos vinculados desde otra hoja de cálculo

El lector importará datos desde un libro de Excel existente y verificará cómo se actualizan automáticamente cuando cambia la información de origen.

Pasos a realizar:

1. Abrir un libro de Excel que contenga una tabla de datos.
2. Crear un segundo libro de Excel que actuará como documento de destino.
3. Importar los datos del primer libro al segundo utilizando una conexión o vínculo.
4. Comprobar que los datos importados aparecen correctamente en el libro de destino.
5. Modificar un dato en el libro de origen.
6. Actualizar los datos en el libro de destino.
7. Verificar que el cambio se refleja correctamente.
8. Documentar el origen de los datos en una celda o comentario.
9. Guardar ambos archivos.

SÍGUENOS EN INSTAGRAM Y ACCEDE GRATIS A NUESTRA BIBLIOTECA DIGITAL DURANTE 30 DÍAS.

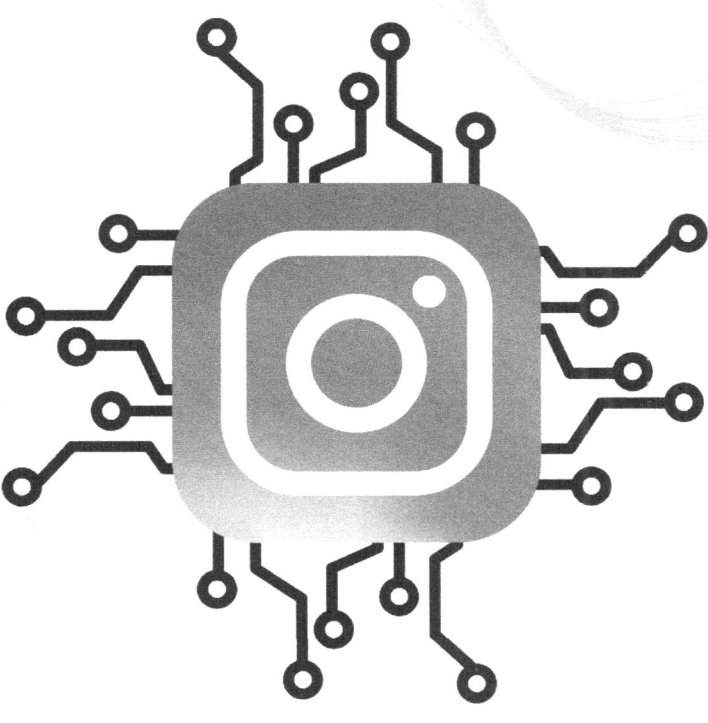

@grupoeditorialrama

¡ENVIANOS TU MAIL POR PRIVADO!

 Grupo Editorial **ra-ma** 40 ANIVERSARIO